D1748525

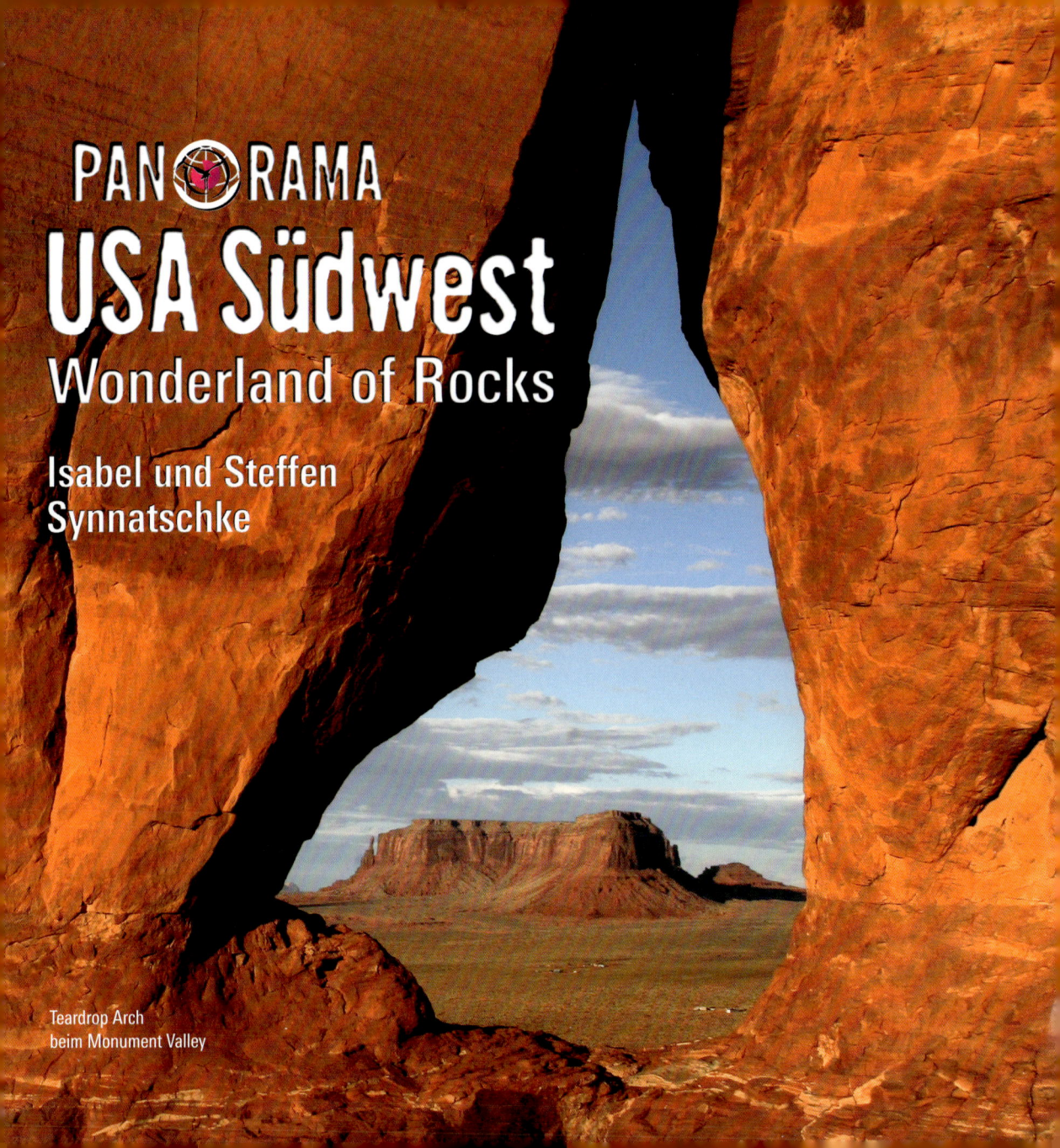

PAN☉RAMA
USA Südwest
Wonderland of Rocks

Isabel und Steffen Synnatschke

Teardrop Arch
beim Monument Valley

Impressum

Isabel und Steffen Synnatschke

**PANORAMA USA SÜDWEST –
WONDERLAND OF ROCKS**

1. Auflage 6/2008
ist erschienen im
REISE KNOW-HOW Verlag
ISBN 978-3-89662-242-6

© Dr. Hans-R. Grundmann GmbH
Am Hamjebusch 29
D-26655 Westerstede
Alle Rechte vorbehalten
– Printed in Germany –

Gestaltung und Herstellung
Umschlag: Carsten C. Blind, Asperg
Inhalt: Carsten C. Blind, Asperg
Druck: W. Zertani, Druckerei und Verlag, Bremen
Text: Isabel und Steffen Synnatschke
Lektorat: Hans-R. Grundmann

Alle Fotos: Isabel und Steffen Synnatschke

Vertrieb
Dieses Buch ist erhältlich in jeder Buchhandlung in Deutschland, Österreich und der Schweiz. Die Bezugsadressen für den Buchhandel sind

- Prolit GmbH, Postfach 9, 35461 Fernwald
- Mohr Morawa Buchvertrieb GmbH, Postfach 260, A-1011 Wien
- AVA-buch 2000, Postfach 27, CH-8910 Affoltern
- Barsortimenter

Wer im lokalen Buchhandel Reise Know-How-Bücher nicht findet, kann diesen und andere Titel der Reihe auch im Buchshop des Verlages im Internet bestellen: www.reisebuch.de

Wir freuen uns über Kritik, Kommentare und Verbesserungsvorschläge.

Alle Informationen und Daten in diesem Buch sind mit größter Sorgfalt gesammelt und vom Lektorat des Verlags gewissenhaft bearbeitet und überprüft worden. Da inhaltliche und sachliche Fehler nicht ausgeschlossen werden können, erklärt der Verlag, dass alle Angaben im Sinne der Produkthaftung ohne Garantie erfolgen und dass Verlag wie Autoren keinerlei Verantwortung und Haftung für inhaltliche und sachliche Fehler übernehmen. Die Nennung von Firmen und ihren Produkten und ihre Reihenfolge sind als Beispiel ohne Wertung gegenüber anderen anzusehen. Qualitätsangaben sind subjektive Einschätzungen der Autoren.

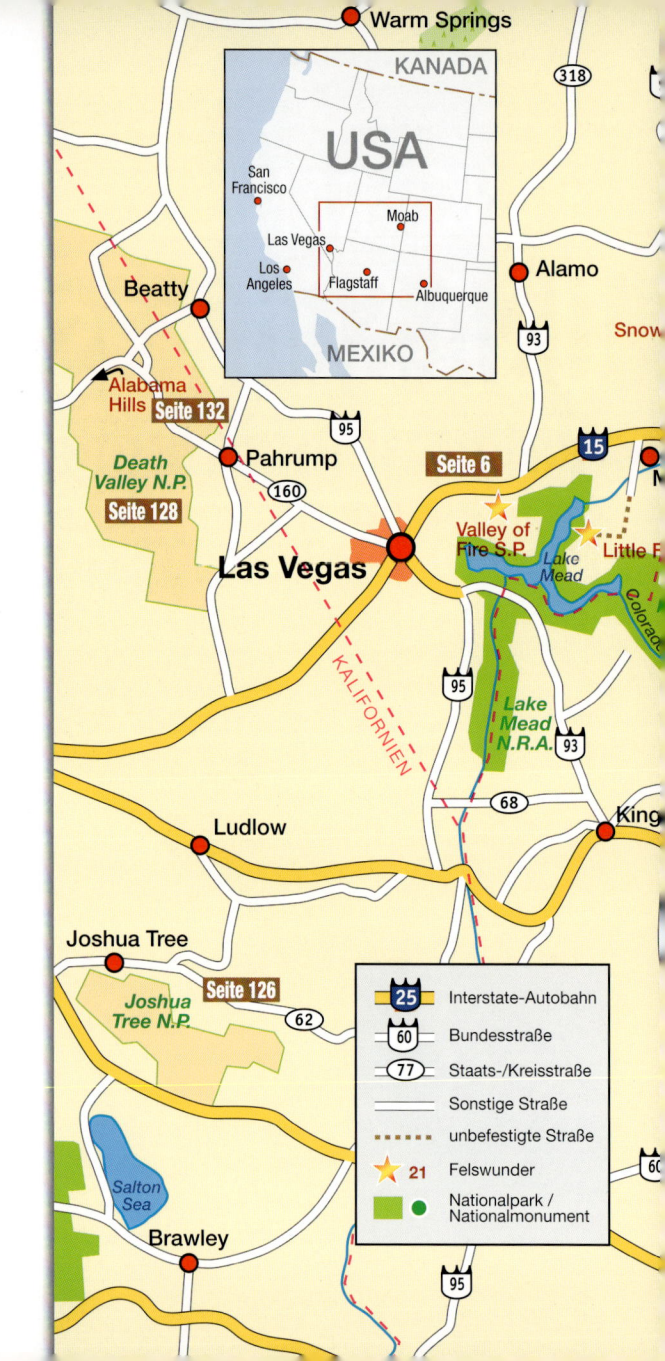

Rund um Page
1. Horseshoe Bend
2. Alstrom Point
3. Antelope Canyon
4. Cobra Arch
5. Buckskin Gulch
6. Coyote Buttes
7. White Pocket

Bereich Cottonwood Canyon Road
8. Wahweap Hoodoos
9. Yellow Rock
10. Round Valley Draw
11. Kodachrome Basin State Park
12. Willis Creek

Hole-in-the-Rock Road
13. Zebra Slot, Big Horn Canyon
14. Devils Garden
15. Golden Cathedral
16. Peek-a-boo Gulch
17. Coyote Gulch, Stevens Canyon
18. Sunset Arch
19. Broken Arch

Rund um Moab
20. Dead Horse Point State Park
21. Mesa Arch
22. Corona Arch
23. Secret Spire
24. Tukuhnikivats Arch

Unterwegs durch den
Valley of Fire State Park

Vorwort

Dieses Buch entführt den Leser in ein einzigartiges Naturparadies, in die steinerne Wunderwelt des amerikanischen Südwestens. Auf den folgenden Seiten geht es weniger um die großen berühmten Nationalparks wie Grand Canyon oder Bryce Canyon und Arches als um wilde, einsame Regionen abseits allzu »ausgetretener« Pfade. Um Orte, die oft nur nach längeren Wanderungen oder auf abenteuerlichen Schotterpisten zu erreichen sind. Vielfach trifft man dort selbst in Zeiten des Massentourismus kaum auf Besucher.

Pittoreske Slot Canyons und tiefe dunkle Schluchten findet man ebenso wie zu Stein erstarrte Meereswellen, schlanke Felsnadeln, imposante Naturbögen, vielfarbige Badlands, steinerne Pilze und lustige »Gnome«. In dieser Gegend, die in ihrer Vielfalt unsere Fantasie anregt, verspürt mancher wieder das Gefühl grenzenloser Freiheit, das den meisten längst abhanden gekommen ist. Wer schon einmal bei Vollmond in entlegener Wildnis eine sternenklare Nacht erleben und dabei dem Heulen der Koyoten lauschen durfte, dem wird diese Erfahrung für immer in Erinnerung bleiben.

Es gibt kaum einen besseren Ort, um die täglichen Probleme zu vergessen und neue Kraft zu tanken, als das **Wonderland of Rocks** im Südwesten der Vereinigten Staaten. Wer der Magie dieser Landschaft verfallen ist, den lässt sie nicht mehr los.

»Jeder Mensch braucht dann und wann ein bisschen Wüste!«

Sven Hedin, schwedischer Geograph und Entdecker

Valley of Fire State Park

Nur eine gute Autostunde nördlich der Spielermetropole Las Vegas taucht man bereits in ein Felsenwunderland der Sonderklasse ein. Wenn die skurril verwitterten Gesteinsformationen und jedes einzelne Sandkorn auf dem Boden im Licht der untergehenden Sonne dunkelrot zu glühen beginnen, macht das »Feuertal« seinem Namen alle Ehre.

Die unermüdliche Erosion schuf dort zahlreiche Felsbögen, darunter fast 450 mit einer Öffnung größer als 1,5 m.

Piano Rock, der »Steinway« des Feuertals

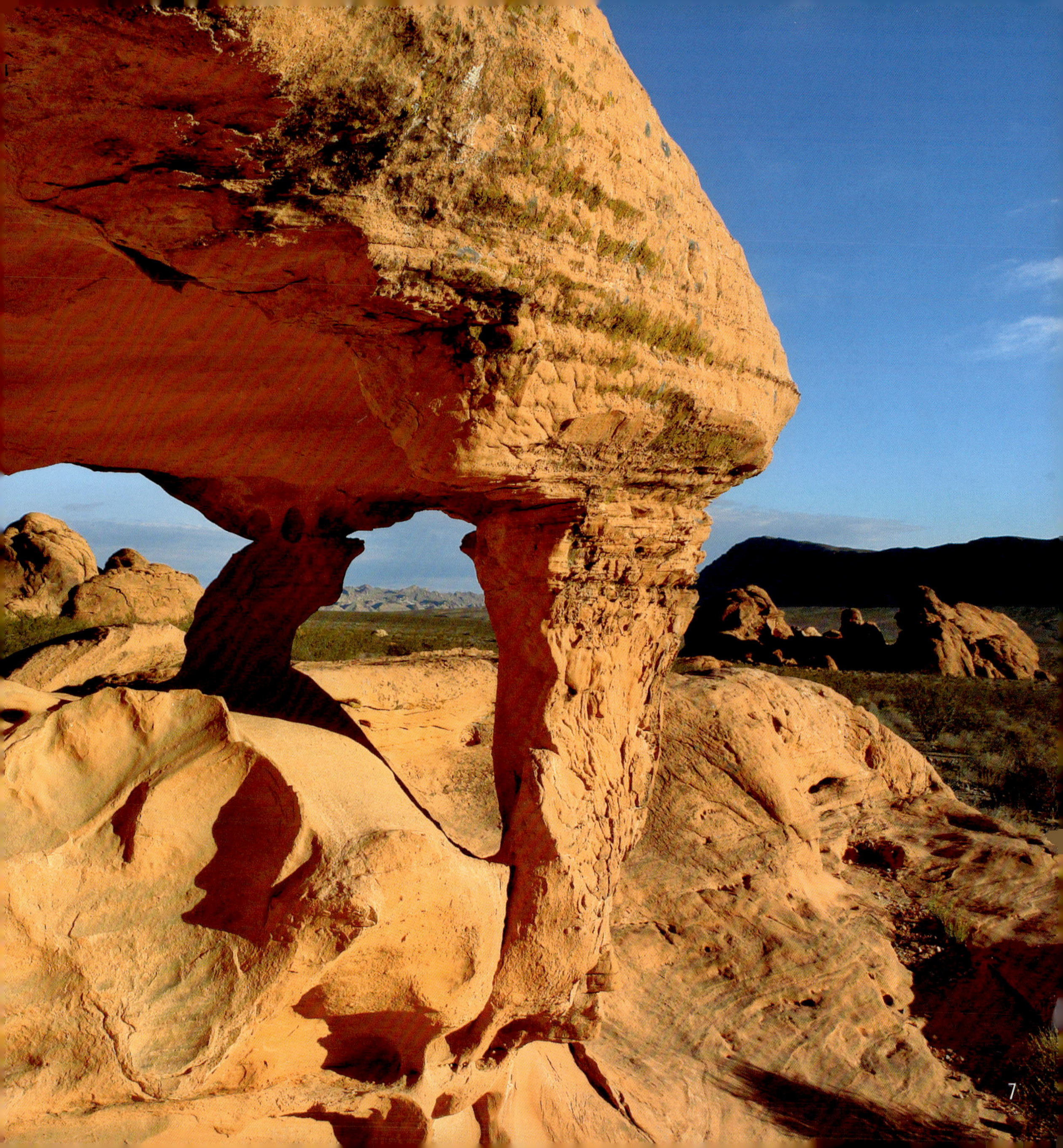

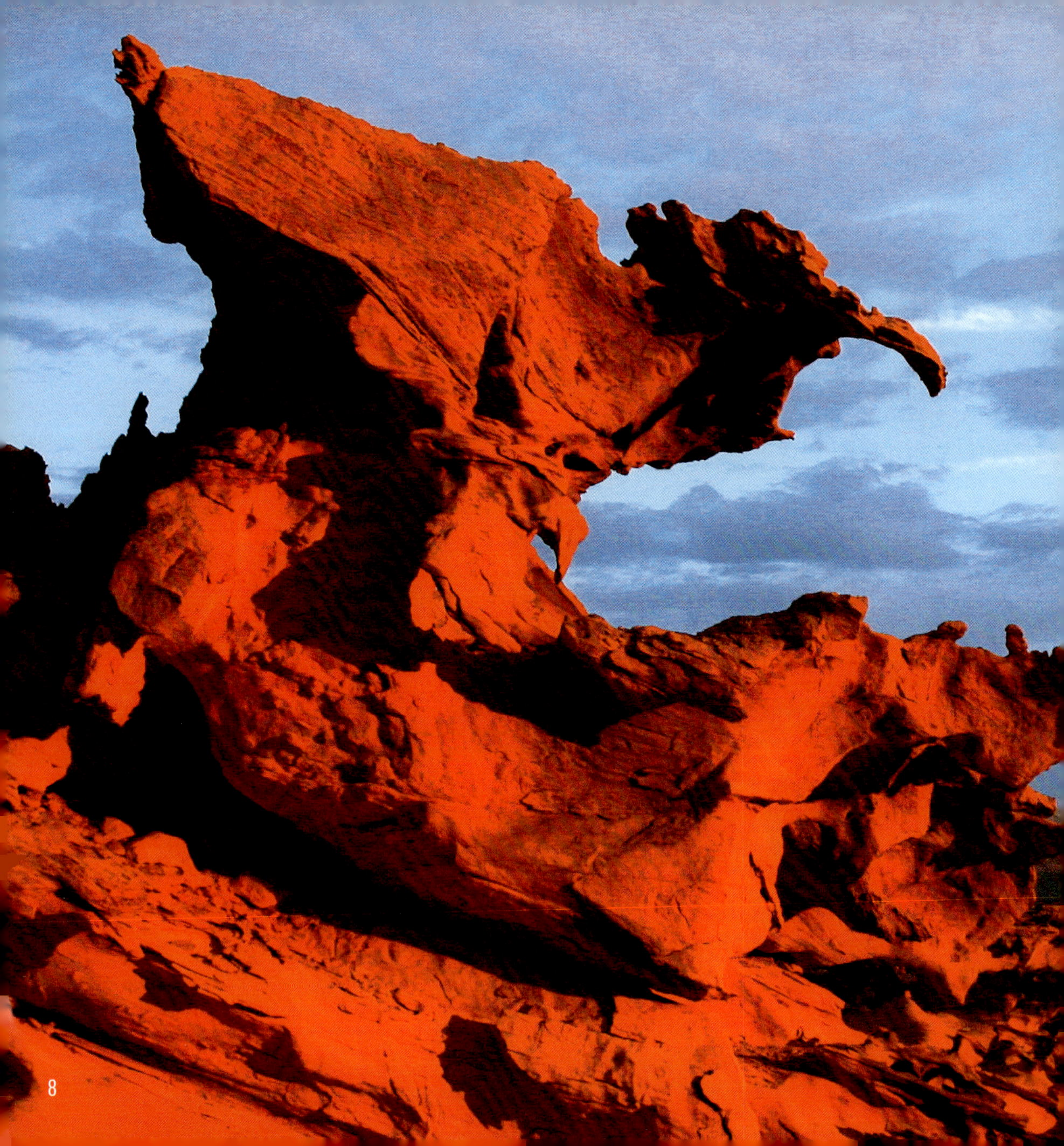

Little Finland – Rot glühende Gesteinsformationen im Licht der untergehenden Sonne

Warner Valley
Dinosaur Tracks

Dinosaur Tracks
Auf den Spuren der Riesenechsen

Der gesamte Westen der Vereinigten Staaten ist berühmt für seine außergewöhnlichen Dinosaurierfunde. Aber nicht nur die bekanntesten Ausgrabungsstätten wie das **Dinosaur National Monument** im Nordosten von Utah bei Vernal oder das **Cleveland-Lloyd Dinosaur Quarry** im zentralen Utah südlich von Price sind den Besuch wert. Die wilden Kreaturen, die vor rund 190 Mio. Jahren an den schlammigen Ufern urzeitlicher Binnenmeere entlang schritten, hinterließen mehr als nur versteinerte Skelette, Knochen und Zähne. Die meisten ihrer Fußabdrücke versanken augenblicklich im feuchten Sand, aber einige wurden zu Stein und konnten bis in unsere Zeit überdauern.

Selbst ihre mächtigen Krallen sind mancherorts zu sehen, so z.B. bei der **Dinosaur Discovery Site** in St. George in der äußersten Südwestecke von Utah. Ein eindrucksvoller Fund wurde auf der *Johnson Farm* ganz in der Nähe gemacht. Bei sog. *upside-down*-Spuren sieht man nicht die Abdrücke, sondern das Gegenstück, d.h. die tat- sächliche Form der Füße. Sogar Hautstrukturen der Dinosaurier und Schleifspuren ihrer Schwänze konnten dort sichergestellt werden. Diese Entdeckung war eine Sensation und reiner Zufall. Als ein Farmer im Jahr 2000 sein Land mit dem Bagger bearbeitete und dabei zwei große Sandsteinplatten umlagern wollte, brachen diese an einer Stelle, unter der sich zahllose Dinosaurierspuren verbargen. Sie sind heute in einem dort eigens errichteten Museum untergebracht.

Dinosaurierspuren findet man aber nicht nur überdacht in Museen, die allermeisten sind vielmehr draußen in freier Natur zu sehen, so zum Beispiel bei der **Sauropod Tracksite** und den **Potash Road Dinosaur Tracks** in der Nähe von Moab in Ostutah, im **Warner Valley** südöstlich von St. George, im **Red Fleet State Park** nördlich von Vernal, auf den Sandsteinplatten unmittelbar am Highway 160 westlich von Tuba City sowie im **Zion National Park** am Ufer des Left Fork des North Creek am Weg zur sog. **Subway**.

Neue Fundstellen werden am laufenden Band bekannt. So hat man erst im Herbst 2007 wieder Tausende von *dino tracks* in der Nähe des **Coral Pink Sand Dunes State Park** entdeckt. Keiner vermag abzuschätzen, wie viele Relikte urzeitlicher Lebewesen noch in den Sandsteinplatten und Lehmschichten des Südwestens schlummern.

St. George Dinosaur Discovery Site

Snow Canyon State Park

Kanarra Creek

Mit einer durchschnittlichen Höhe von 1500 m über dem Meeresspiegel und einer Fläche fast so groß wie Deutschland erstreckt sich die gewaltige Hochebene des **Colorado Plateau** über weite Teile von Utah, den Norden Arizonas sowie über einen westlichen Streifen der Staaten Colorado und New Mexico.

Brücke über den Virgin River im Zion National Park

Zion National Park

Der *Zion* zählt flächenmäßig nicht zu den großen Nationalparks der USA, ist aber einzigartig in seiner Vielfalt. Fast senkrecht aufragende Sandsteindome formen den **Zion Canyon** im Herzen des Parks – im unteren Bereich roter Kayenta Sandstein, darüber eine bis zu 660 m dicke Schicht aus rotbraunem Navajo Sandstein und oben an den Bergspitzen heller, weißgrauer Kalksandstein.

Am nördlichen Ende des Zion Canyons rücken die Felswände immer enger zusammen und sind in den abschnittsweise nur wenige Meter breiten **Narrows** an Dramatik kaum zu übertreffen. Einzigartig sind auch die Schichtungen bei der Osteinfahrt rund um den längs und quer zerfurchten Tafelberg **Checkerboard Mesa**.

Eine Fülle abenteuerlicher Gebirgspfade, leichter Spazierwege und schöner Wanderrouten tut ein übriges, um alljährlich an die 3 Mio. Besucher anzulocken. Der Park ist obendrein beliebt bei *Canyoneers*. Trotz allem blieb sein Hinterland bis zum heutigen Tage größtenteils wild und unberührt. Selbst die scheuen Berglöwen haben auf dem rauen Hochplateau des Parks eines ihrer letzten Rückzugsgebiete gefunden.

Zu den schönsten Zielen abseits des populären und daher oft sehr belebten Hauptcanyon zählt das Flussbett des **Left Fork of the North Creek** mit malerischen Kaskaden und milchig jadegrünen Pools in einer als **Subway** bezeichneten engen Felsröhre.

Abenteuerlustige mit Canyoneering-Ausrüstung können am **Wildcat Trailhead** starten, aber auch der hin und zurück 15 km lange Wanderweg ab dem Left Fork Trailhead gleicht teilweise schon einem Hindernisparcour. Wer die zahlreichen kalten Flussüberquerungen meistert und sich durch das dicht bewachsene Ufer kämpft, wird mit einem einzigartig surrealen Szenario belohnt.

Herbstliche Impressionen aus dem Zion National Park

Die surrealen Farben der *Subway* im Left Fork of the North Creek

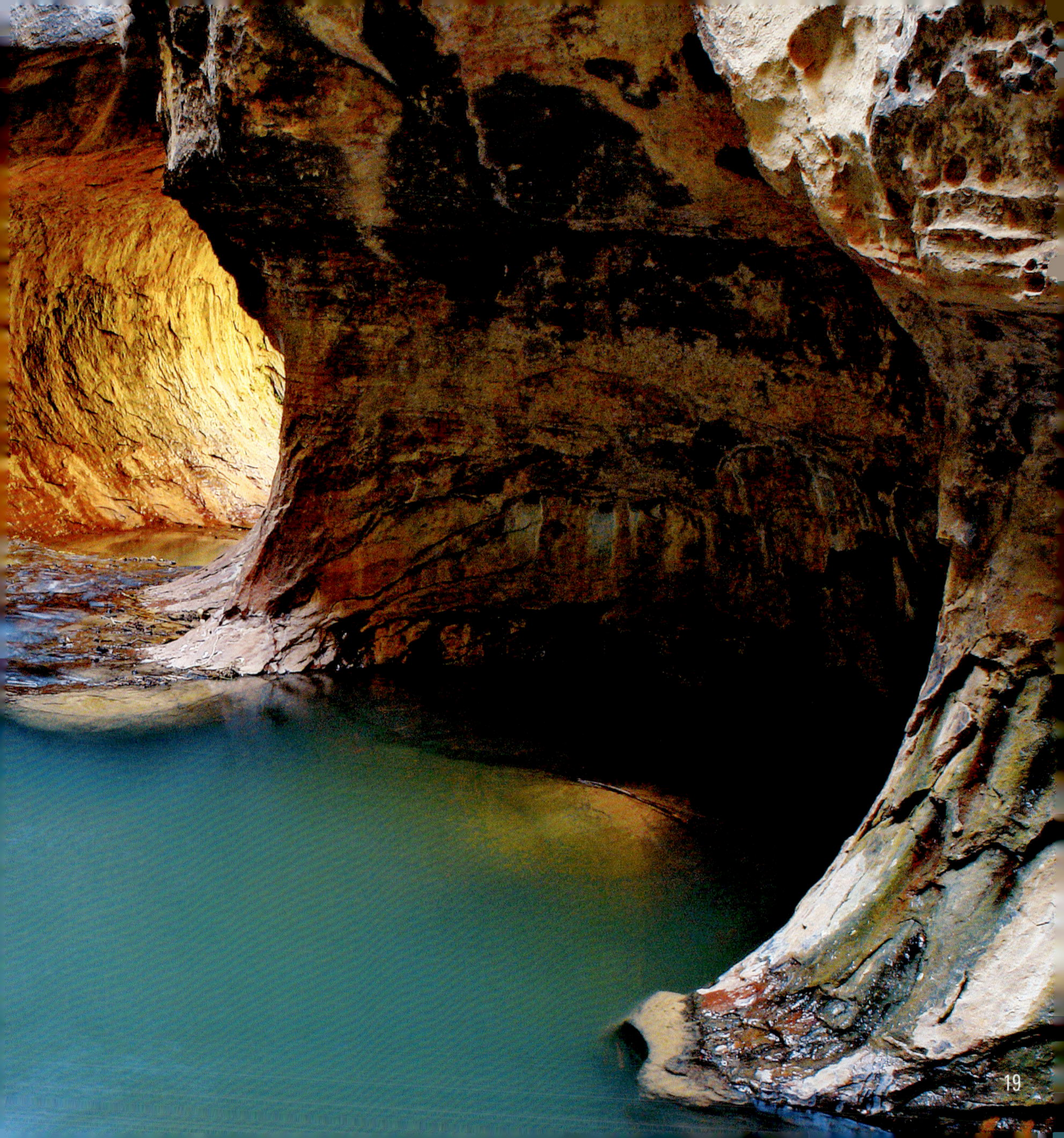

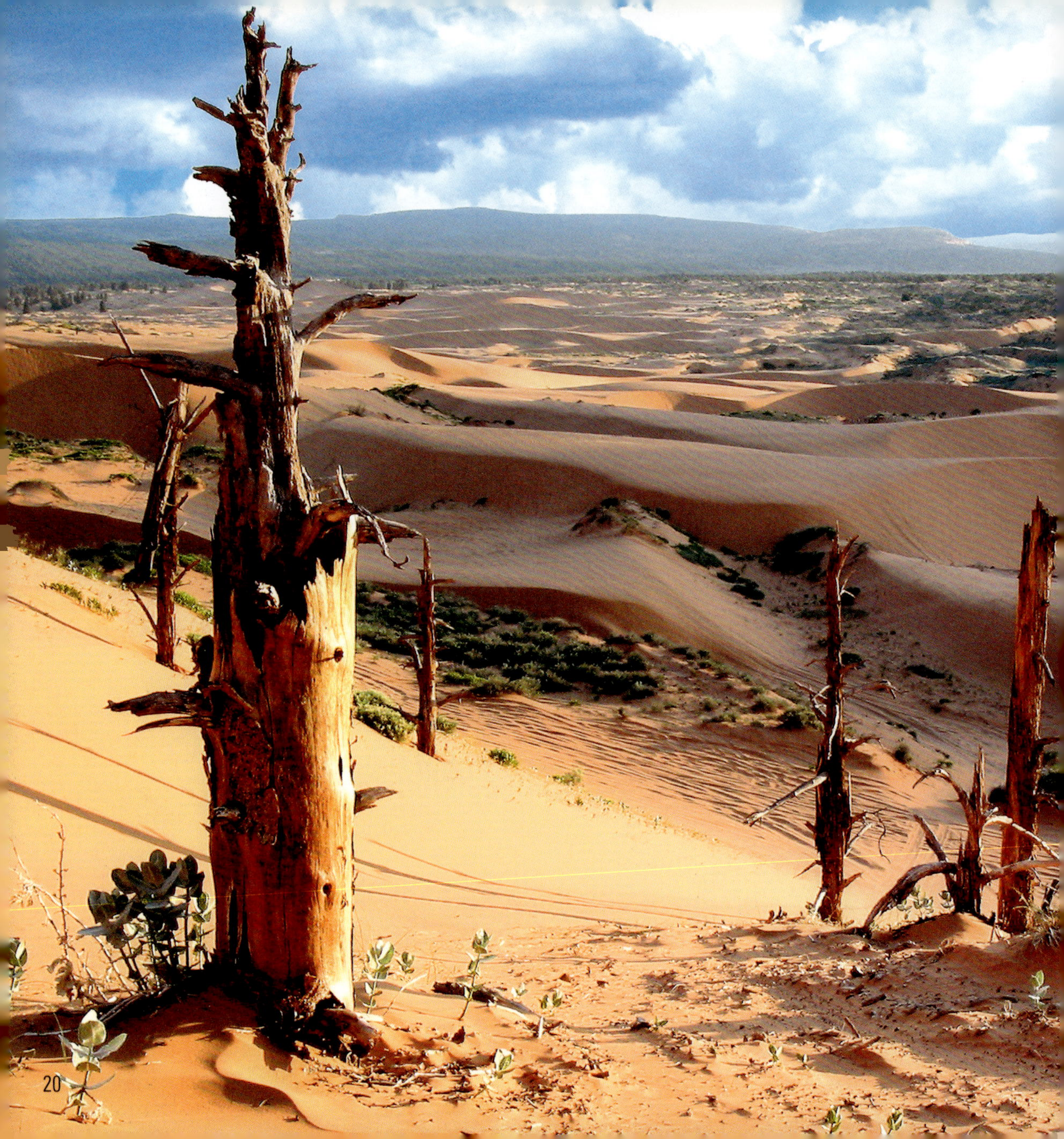

Namenloser Arch an der Hancock Road

Coral Pink Sand Dunes State Park

Vom **Toroweap Point** auf dem entlegenen *Arizona Strip* (Nordseite Grand Canyon, weit westlich der entwickelten Besucherstrukturen) genießt man einen der schönsten Blicke hinab in die Schlucht. Während sich unter anderen Aussichtspunkten meist breite, weitverzweigte Canyonpanoramen öffnen, fallen hier die Supai Cliffs 1000 m fast senkrecht in die Tiefe zum rauschenden Colorado River ab.

Mt. Hayden am
Grand Canyon
North Rim

Rund um Page

Page ist eine der jüngsten Siedlungen der Vereinigten Staaten. Sie wurde Ende der 1950er-Jahre als Unterkunftscamp für die Bauarbeiter des riesigen **Glen Canyon Dam** geschaffen (475 m breit und 216 m hoch), der den Colorado River staut und den **Lake Powell** entstehen ließ. Zunächst hieß der Ort nach seiner Funktion schlicht *Government Camp*. Erst später erhielt er seinen jetzigen Namen und wurde 1975 in den Rang einer Stadt erhoben. Dank des Staudamms floriert heute rund um Page der Tourismus.

Der gewaltige Stausee und seine Uferbereiche bilden die **Glen Canyon National Recreation Area**, ein über 5000 km² umfassendes Areal. An den wenigen per ausgebauter Straße zugänglichen Stellen gibt es Badestrände, Campingplätze und riesige Marinas vor allem für schnelle Motor- und Hausboote. Die meisten davon gehören zur Mietflotte der *Aramark Leisure Services*. Trotz extrem hoher Kosten sind Hausbootferien auf dem Stausee wegen des einmaligen Reviers mit Felsbögen und einsamen Canyons in Reichweite der Seeufer äußerst beliebt.

Der Lake Powell ist jedoch nur einer der Besuchermagneten der Region. Wie in einem gigantischen Freilichtmuseum stößt man dort auf viele eindrucksvolle Naturwunder – seien es die malerisch engen »Schlitzschluchten« des Antelope Creek, die spektakuläre Flussschleife **Horseshoe Bend** des Colorado River, der imposante versteinerte »Regenbogen« **Rainbow Bridge**, die geisterhaften weißen Felssäulen am Wahweap Creek oder die einzigartige **Wave** in der **Coyote Buttes North Permit Area**. Tagesausflüge führen von Page zum **Coal Mine Canyon** bei Tuba City, zu den Ruinen im **Navajo National Monument** und zum **Yellow Rock**, einem farbenprächtigen Berg an der Cottonwood Canyon Road. Allein mit dem Besuch der Sehenswürdigkeiten rund um Page ließe sich ein kompletter Urlaub füllen.

Horseshoe Bend, Colorado River

Benannt wurde der Lake Powell nach Major *John Wesley Powell*, einem Bürgerkriegsveteranen, der sich im Jahr 1869 gemeinsam mit neun Begleitern auf eine erste wissenschaftliche Expedition durch die geheimnisvollen tiefen Schluchten des Colorado River begab. Im Zuge seiner zweiten Flussfahrt nur knapp zwei Jahre später entstanden die ersten Karten der Region, mit deren Hilfe ein neues Kapitel in der Geschichte der Besiedelung des »wilden« Westens eröffnet wurde.

Alstrom Point,
Glen Canyon
National
Recreation Area

Bunte Badlands nahe der ehemaligen Filmkulisse Old Paria

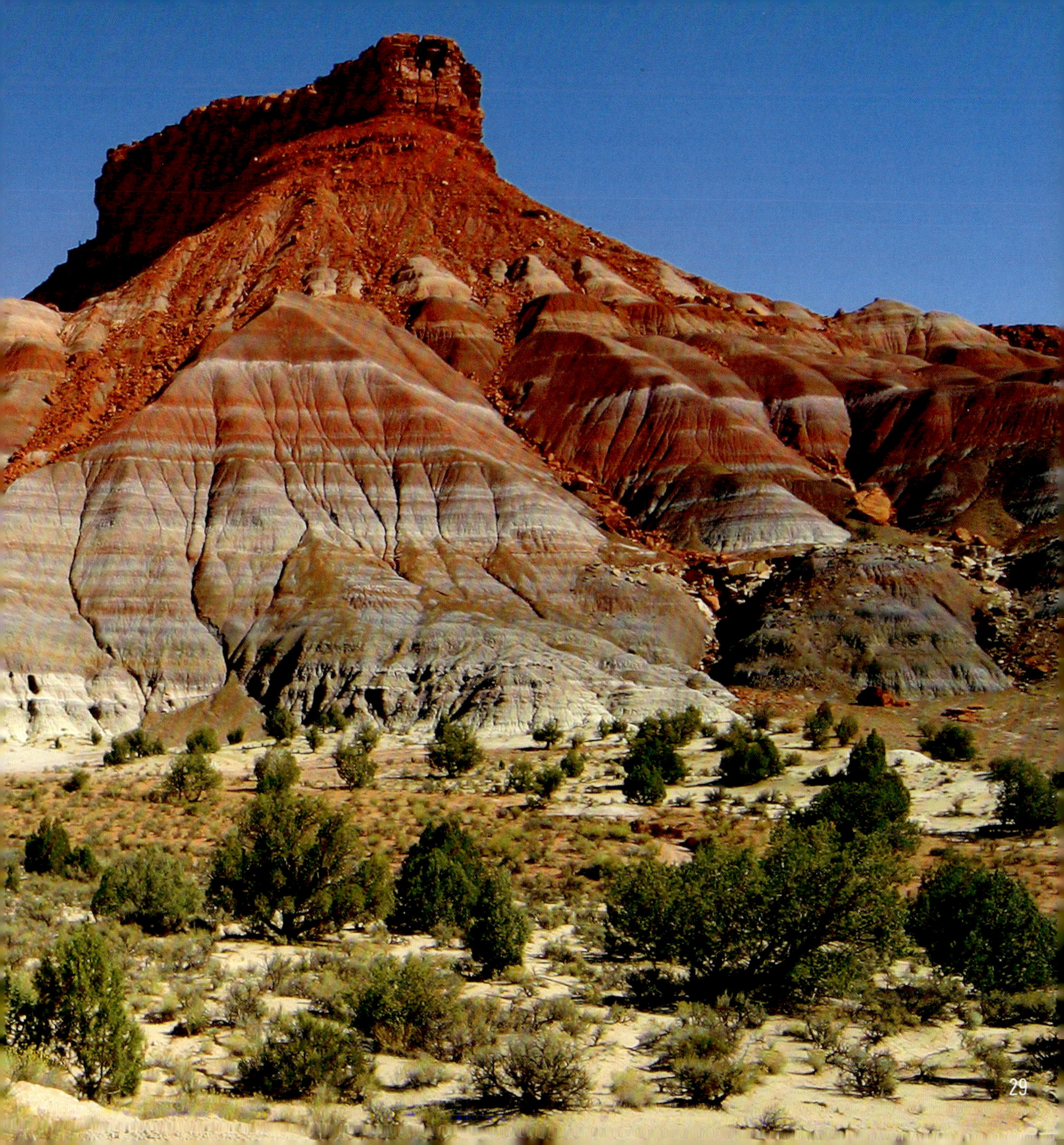

Slot Canyon, Gulch, Gorge, Hollow und Narrow
Die geheimnisvollen Schluchten des Südwestens

Die unermüdliche Arbeit von Wind und Wasser – vor allem in Form von Sturzfluten, sog. *Flash Floods*, – hinterließ im Lauf der Jahrtausende im weichen Sandstein des **Colorado Plateau** tiefe Einschnitte. Dunkle mystische Canyons, endlose Labyrinthe aus gewundenen hohen Felswänden mit allerfeinsten Rillen und Maserungen, umgeben von einer andächtigen, beinah unheimlichen Stille. Kaum ein Sonnenstrahl vermag in diese schmalen, oft nur knapp einen Meter breiten Schluchten einzudringen. Nur für wenige Stunden am Tag »entflammen« die Felswände, wenn reflektiertes indirektes Licht sie regelrecht zum Glühen bringt. Ein Feuerwerk aus gelben und rötlichen Farbnuancen, das seinesgleichen sucht.

Das Colorado Plateau ist berühmt für seine engen Schluchten. Hier gibt es den längsten *Slot Canyon* der Welt, den **Buckskin Gulch**, und auch den berühmtesten, den **Antelope Canyon** südöstlich von Page. Seine beiden durch etliche Meilen flaches Terrain voneinander getrennten Abschnitte sind die Verkörperung des Begriffs *Slot Canyon* schlechthin – in erster Linie der über 30 m hohe **Upper Antelope Canyon**. Kaum ein anderer dieser Art vermag mit dessen dunkelrotem Sandstein und den einzigartigen, um die Mittagszeit einfallenden *beams* zu konkurrieren. Wie Scheinwerfer beleuchten die gebündelten Sonnenstrahlen den Boden der Schlucht. Sand wird dann von Besuchern gerne in den Lichtkegel geworfen, und Dutzende von Auslösern klicken zeitgleich.

Wer nach solchem Trubel Einsamkeit sucht, findet sie im **Water Holes Canyon** oder einer der zahlreichen Schluchten im Gebiet des Grand Staircase Escalante National Monument. Dort wird die oft schon fast gespenstische Stille nur von den einsamen Rufen der Eulen unterbrochen.

Lower Antelope Canyon

Die Great Wall oberhalb des Water Holes Canyon; rechts der »glühende« Sandstein im Inneren der Schlucht

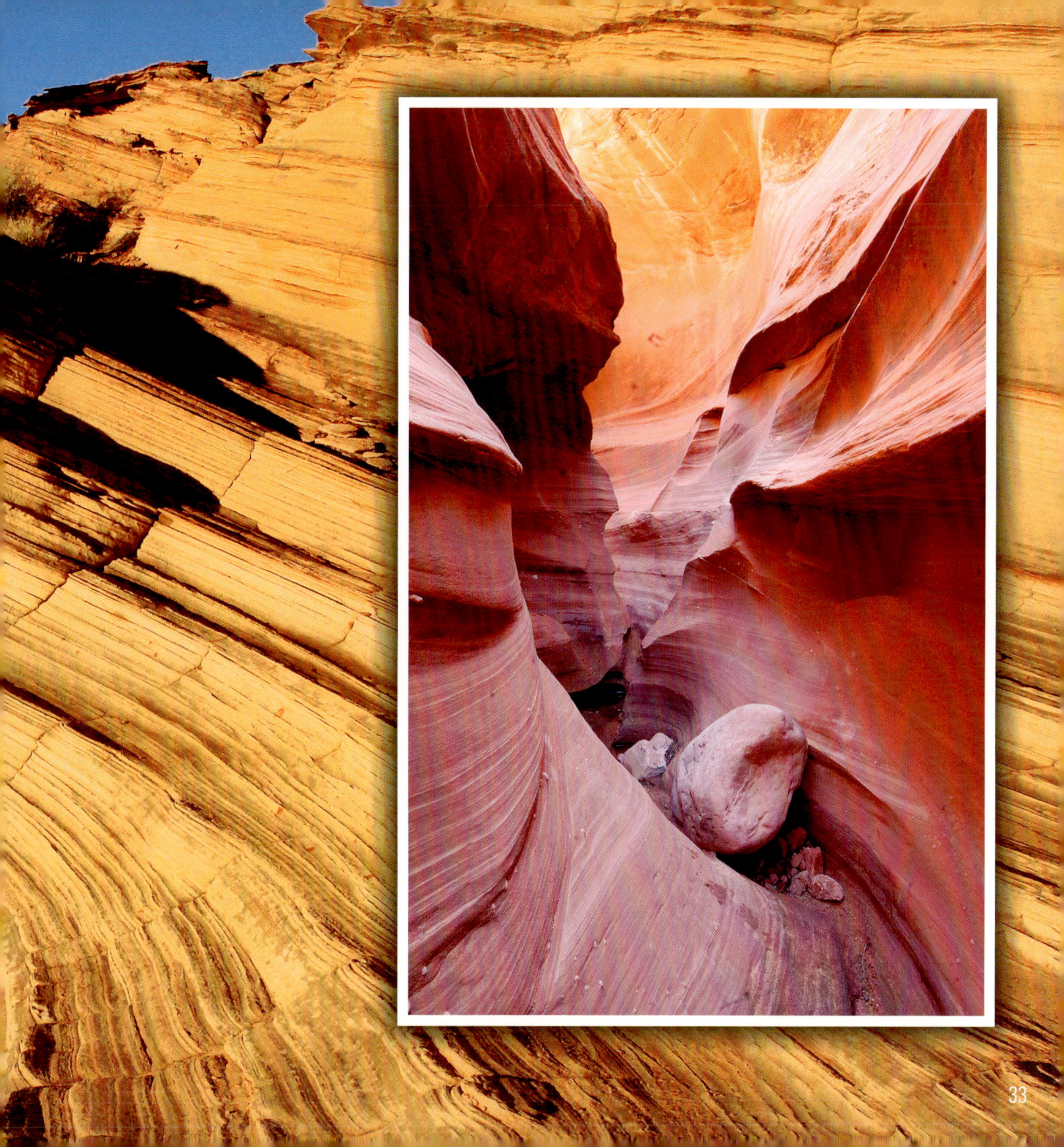

Cobra Arch, Paria Canyon
Vermilion Cliffs Wilderness

Eine der abenteuerlichsten Wanderungen auf dem Colorado Plateau ist der mehrtägige Trekking Trip mit Rucksack, Zelt und Schlafsack durch den *Paria Canyon* bis hinunter nach Lee's Ferry. Sie ist nur mit zwei Fahrzeugen oder einem Shuttle Service möglich (wird von lokalen Tourunternehmen angeboten). Zu den weiteren Highlights der **Paria Canyon Vermilion Cliffs Wilderness** zählen der 13 m lange *Cobra Arch* sowie die beeindruckend tiefe und enge Schlucht *Buckskin Gulch*. Beide Ziele lassen sich auch zu einer langen und anspruchsvollen Tageswanderung kombinieren.

Buckskin Gulch

The Wave, Coyote Buttes North

Coyote Buttes

Der Zutritt in das äußerst fragile Areal der **Coyote Buttes** im **Vermilion Cliffs National Monument** wurde ab 1997 rigoros reglementiert. Der Andrang auf die 20 täglich ausgestellten Bewilligungen (*permits*) für den nördlichen Teil des Schutzgebiets ist enorm und nimmt von Jahr zu Jahr zu. Kein Wunder, ist doch die Hauptattraktion **The Wave**, eine rötliche überdimensionale steinerne Welle, inzwischen allgegenwärtig auf Kalendern, Ansichtskarten, Reiseführern, Magazinen und Bildbänden.

Viele machen den Fehler und konzentrieren sich ausschließlich auf die »*Welle*« und ihre unmittelbare Umgebung. Dabei haben die **Coyote Buttes North** noch erheblich mehr zu bieten!

Der Westeingang zur berühmten steinernen Welle

Die Second Wave im Licht der untergehenden Sonne, Coyote Buttes North

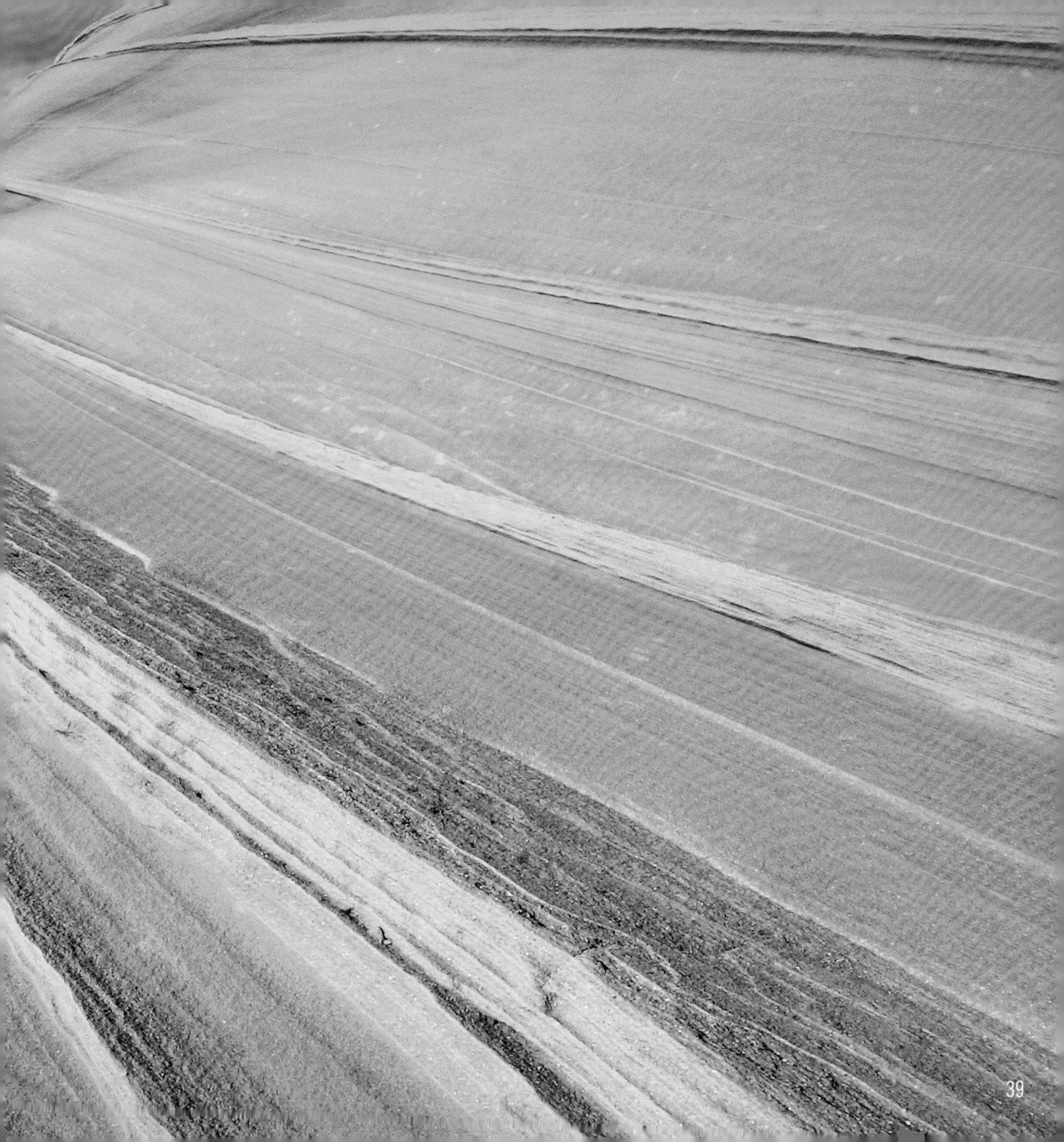

Wegen ihrer abgeschiedenen Lage und der schwierigen Anfahrt über anspruchsvolle Tiefsandpisten blieb die **Coyote Buttes South Permit Area** bis heute ein kleines Paradies für Naturliebhaber und Wildnisenthusiasten. Unglaublich formenreich und farbenfroh sind hier die hauchdünnen Schichten des Sandsteins.

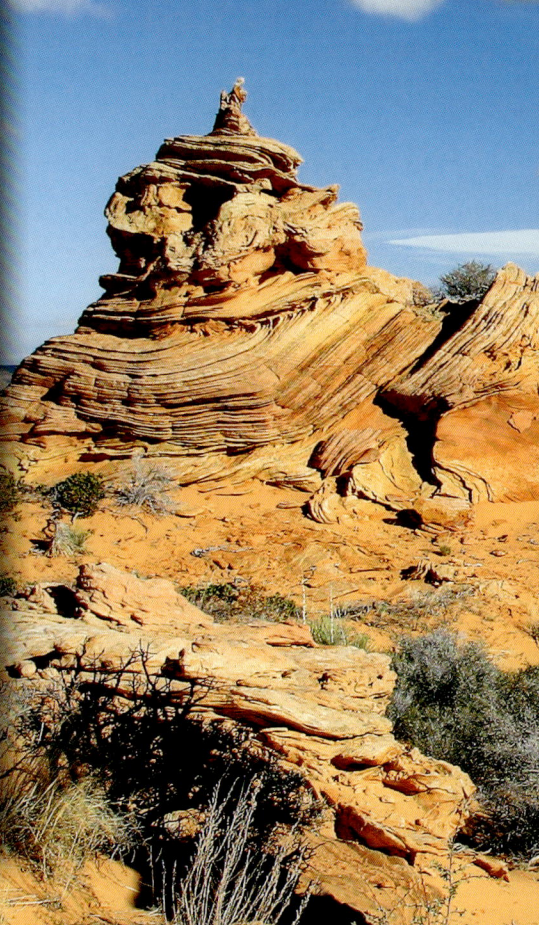

Coyote Buttes South

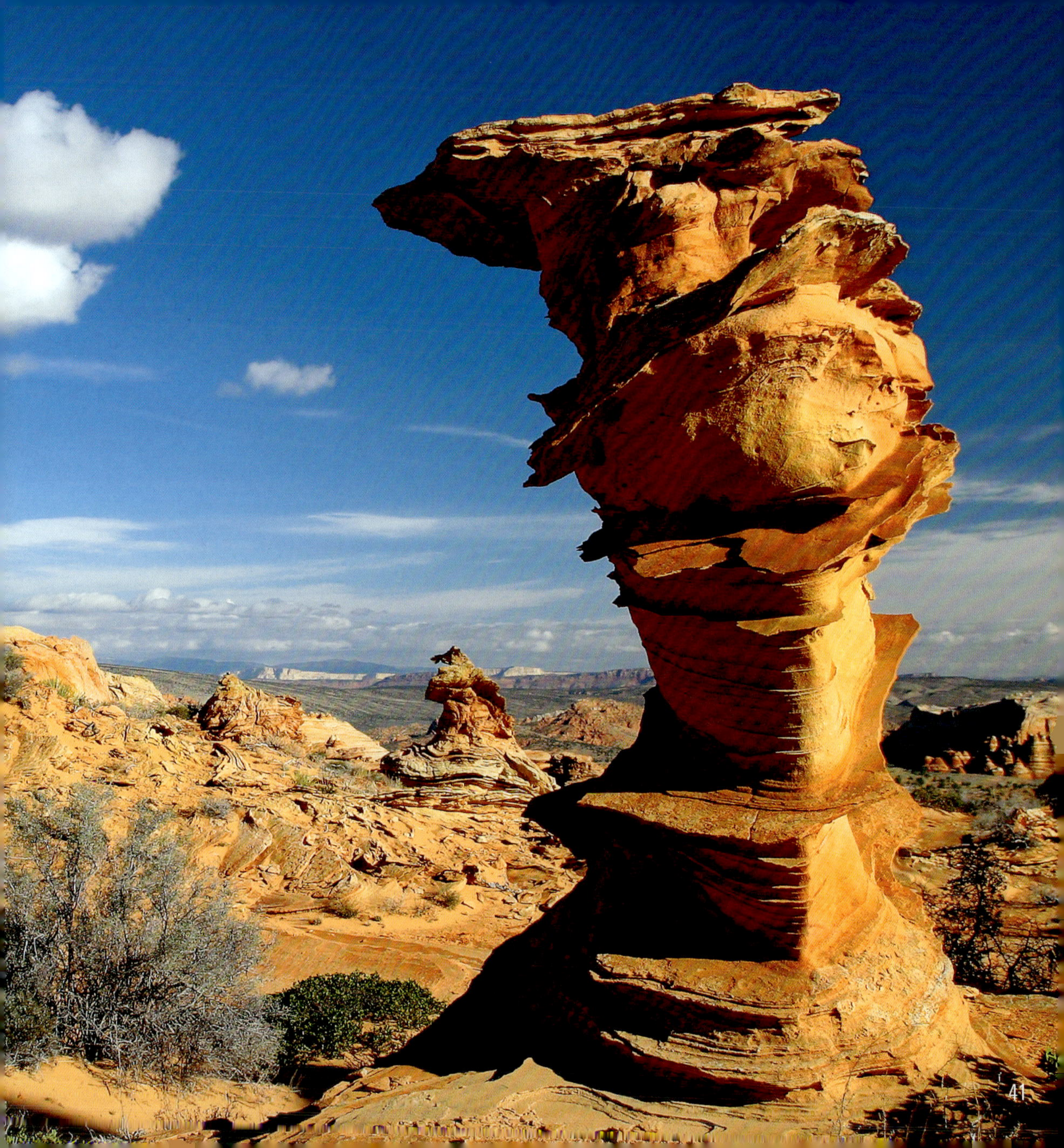

White Pocket, wo der Sandstein zu Leben erwacht und sich Wirklichkeit und Illusion vermischen

White Pocket

Dieses kleine Plateau, keine 10 km Luftlinie von der berühmten *Wave* entfernt, gilt derzeit noch als Geheimtipp und kann ohne jegliche Einschränkung oder Gebühr besucht werden. Abschreckend wirkt einzig und allein die meilenlange Tiefsandpiste durch das **Vermilion Cliffs National Monument**. Wer nicht über *offroad*-Erfahrung verfügt, schließt sich hier besser einer organisierten Tour an.

Die geisterhaften Säulen (»White Ghosts«) des Wahweap Creek

Hoodoo, Caprock, Pinnacle und Pillar
Skulpturen aus Lehm und Stein

Hoodoos sind kleine Erdpyramiden oder hohe, mächtige Felssäulen, aufgebaut aus unterschiedlich hartem Material und oftmals mit einer soliden, überdimensionalen »Kappe« versehen. Wasser, Eis und vor allem Wind sind die großen Bildhauer der Natur. Sie modellieren unaufhaltsam den Fels und schaffen die seltsamsten Gebilde und Formationen. Manche wurden mit richtigen Gesichtern versehen, einige ähneln indianischen Totempfählen und andere wiederum erinnern von ihrer Form her an kleine Pfifferlinge oder giftige Fliegenpilze. So facettenreich wie ihre Gestalt, so unterschiedlich kann auch auch ihre Höhe ausfallen: Viele sind zierlich und kaum einen Meter hoch, andere hingegen erreichen eine stolze Größe von bis zu 40 m.

Hoodoos sind jedoch von vergänglicher Schönheit. Der Zahn der Zeit und die immerwährende Erosion nagen an ihrem Profil. Ihre »Taillen« werden zunehmend schmäler, bis die fragilen Felstürme letztendlich der Schwerkraft zum Opfer fallen. Ein erster Vorbote ist nicht selten der Verlust ihrer schützenden »Kappe«.

Die wahrscheinlich größte Dichte an *hoodoos* findet man im **Bryce Canyon National Park**, **Cedar Breaks National Monument** sowie in den **Bisti Badlands** im Nordwesten von New Mexico. Aber auch das **Grand Staircase Escalante National Monument** ist ein wahres El Dorado für alle, die sich für diese außergewöhnlichen Formationen begeistern können.

In der Nähe von Page versammeln sich die schönsten »Steinpilze« in den *Rimrocks* sowie in den benachbarten *White Rocks*. Dort stehen imposante Gebilde wie der *Toadstool Hoodoo* oder die strahlend weißen *Wahweap Hoodoos*. Auch die Riesen am *Stud Horse Point* sind durchaus einen Besuch wert.

Toadstool Hoodoo

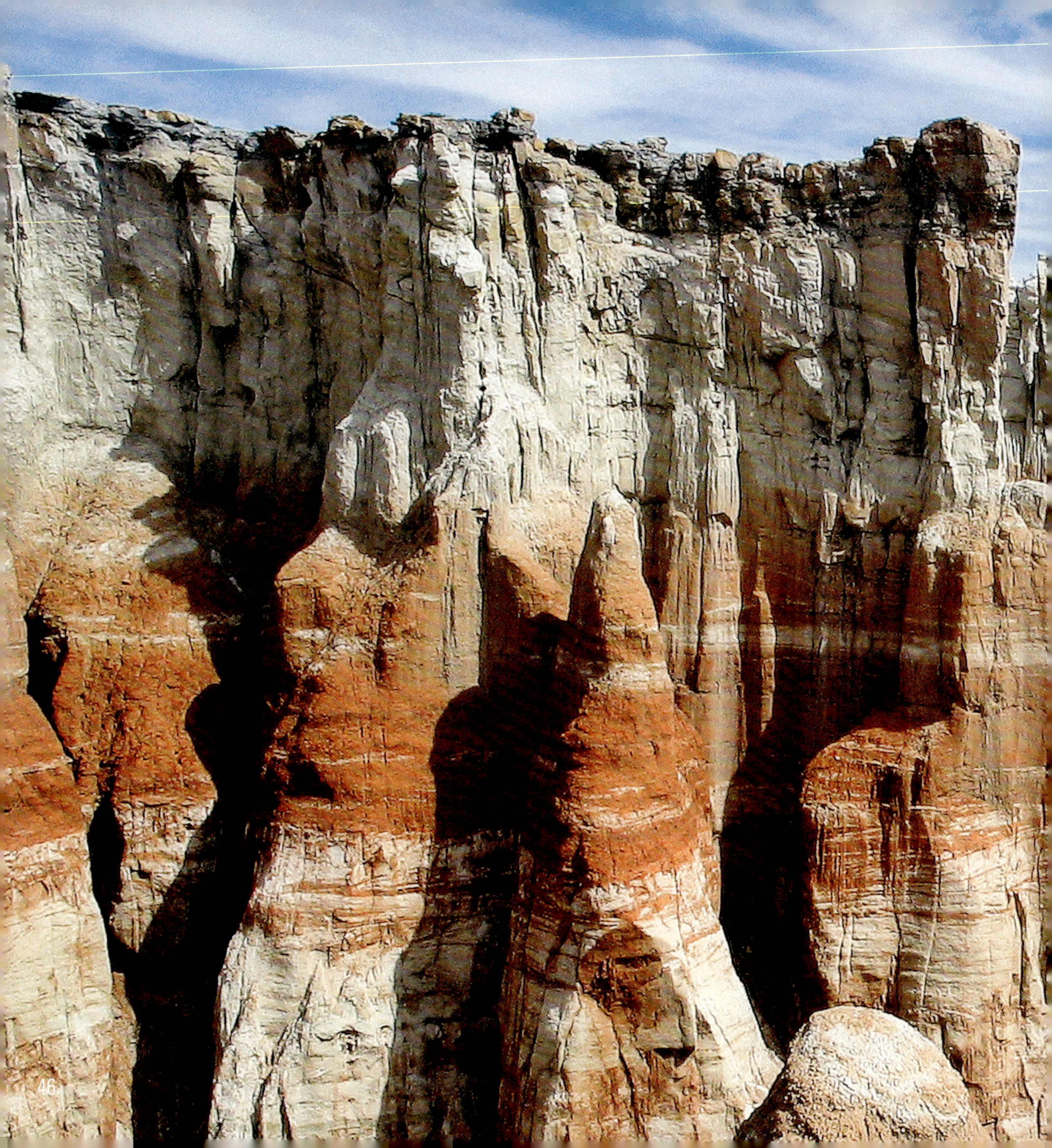

Blick in den Coal Mine Canyon südlich von Tuba City

»Candyland« ist der schönste Abschnitt der Cottonwood Canyon Road

Cottonwood Canyon

Die unbefestigte **Cottonwood Canyon Road** ist eine landschaftlich besonders reizvolle Verbindungsroute zwischen den *Highways* 89 und 12. Benannt ist sie nach dem im Herbst golden leuchtenden Band aus *cottonwood trees* (amerikanische Pappelart), die streckenweise parallel zur Straße den gleichnamigen Flusslauf säumen.

Die *Cottonwood Canyon Road* verläuft entlang der sich in Nord-Süd-Richtung erstreckenden *Cockscomb Ridge*. Den besten Blick auf diese graubraune, hahnenkammähnliche (daher der Name) Erdkrustenfalte hat man von der steilen Allradpiste **Brigham Plains Road**. Aus der Höhe bietet sich ein imposantes Bild mit dem markanten *Castle Rock* im Norden und den knallgelben *Yellow Rock* im Westen.

Panoramablick von der Brigham Plains Road

Der Sandstein und sein Farben
Wie kommt es zu dieser Vielfalt?

Oft scheinen der Farbenpracht der Sedimentgesteine im amerikanischen Südwesten keine Grenzen gesetzt. Als stiller Betrachter kommt man kaum aus dem Staunen heraus. Unglaublich sind die Farbverläufe und -bänder, die den **Yellow Rock** durchziehen, ein kolossales abstraktes Gemälde wie von Künstlerhand geschaffen. Nicht minder beeindruckend sind die lila, rosa oder orangefarbenen Maserungen in den **Coyote Buttes** oder bei der **Rainbow Vista** im Valley of Fire State Park

Sandstein ist ein Sedimentgestein aus verkitteten Quarzsandkörnern. Der lockere Sand, der sich vor ca. 170 Mio. Jahren auf dem Colorado Plateau zu hohen Sanddünen auftürmte, verfestigte sich allmählich unter dem Druck der kontinuierlich neu abgelagerten Schichten. Ohne Beimengungen von anderen fein zertrümmerten Mineralien und Bindemitteln würde Sandstein hellgrau oder weiß erscheinen. Es sind im wesentlichen Eisenoxide wie der Hämatit (Roteisenstein), die den Sandstein sprichwörtlich »entflammen« lassen. Bei Anwesenheit von Limonit (Brauneisenstein) nimmt er eine senfgelbe oder bräunliche Farbe an und bei Chlorit oder Grauklonit eine grünliche Tönung. Ist Sandstein eher dunkelrot, violett oder purpur, so können auch Manganverbindungen dafür verantwortlich sein. Ebenso kann es vorkommen, dass er wieder ausbleicht, wenn die Bindemittel im Lauf der Zeit chemisch verändert und aus dem Stein herausgespült werden.

Sandstein kommt in vielerlei Variationen im Südwesten vor, so gibt es u.a. den relativ weichen **Entrada** Sandstein (Goblin Valley State Park), den **Wingate** Sandstein (*San Rafael Swell*), den **Dakota** Sandstein sowie den facettenreichen **Navajo** Sandstein, den man in fast allen Regionen des Südwestens antrifft.

Der Yellow Rock an der Cottonwood Canyon Road

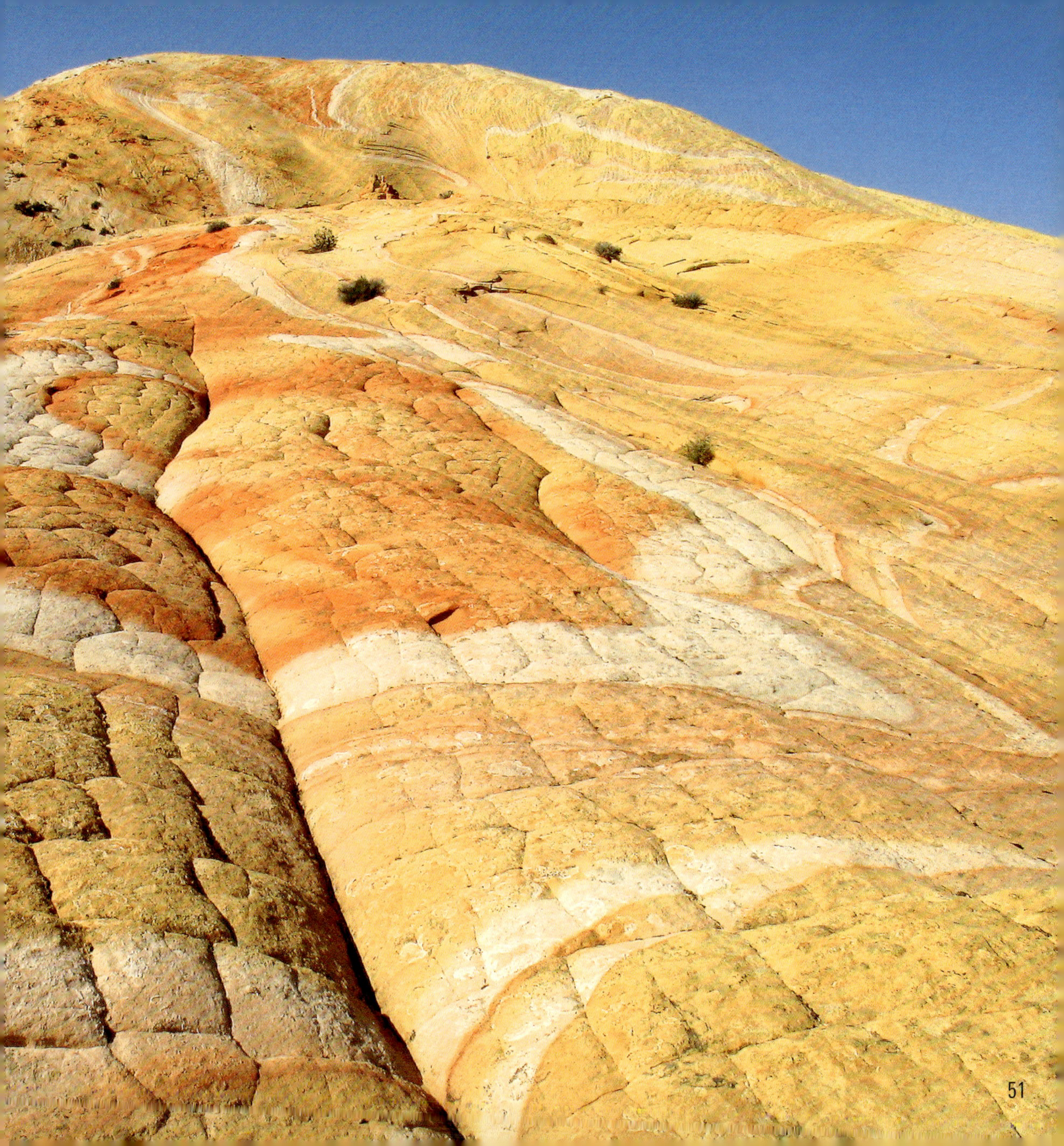

Round Valley Draw

Steinsäulen im Kodachrome Basin State Park

Willis Creek

Während der heißen Sommermonate kommt es bei heftigen Niederschlägen immer wieder zu gewaltigen *flash floods* (Sturzfluten). Der Boden ist zu ausgedörrt, um das viele Wasser aufzunehmen. Es staut sich in den Senken und Flussbetten und rauscht dann in Form einer riesigen Flut- und Schlammwelle durch die engen Schluchten, alles mitreißend, was sich ihr in den Weg stellt.

Willis Creek

Sonnenaufgang am Sunset Point des Bryce Canyon National Park

Bryce Canyon National Park

Über 2 Mio. Besucher zieht dieser Nationalpark alljährlich in seinen Bann. Vom Rand des knapp 2500 m hohen **Paunsaugunt Plateau** öffnet sich dem Blick ein 19 km langes majestätisches Amphitheater, aufgeteilt in zahlreiche kleine, strahlenförmig angeordnete Seitentäler. Ein ausgedehntes Geflecht aus Wander- und Reitwegen entführt in eine Zauberwelt aus rotem Sand- und Kalkstein mit zierlichen Türmchen und Zinnen, einsamen Säulen, Brücken und kleinen Felsfenstern. Dabei ist der Bryce im geologischen Sinn kein Canyon. Er wurde nicht durch die stete Kraft eines Flusses geschaffen, sondern durch Wind, Regen und Eis aus der Flanke des Plateaus heraus modelliert.

Benannt wurde der Nationalpark nach dem Mormonensiedler *Ebeneezer Bryce*, der in dieser trostlosen Gegend gegen Ende des 19. Jahrhundert sein Glück als Viehzüchter versuchte. Aus seiner Sicht war der Canyon nichts weiter als »*a hell of a place to loose a cow!*«, ein übler Ort, um eine Kuh zu verlieren.

Paiute-Indianer, die sich vor der Ankunft der weißen Siedler hier aufhielten, sahen in den bizarren Felsformationen versteinerte Geschöpfe. Sie bezeichneten den Bryce Canyon als »*rote Steine, die wie Menschen in einer Schale stehen*«. Ihrem Glauben zufolge schuf der Gott *Coyote* am Rande des Plateaus eine Wohnstadt für seine untergebenen Tiere. Erzürnt über ihren undankbaren Spott berief er eine Versammlung ein, zu der die Tiere in Menschengestalt erschienen. Als Strafe für ihre Niedertracht ließ er sie zu Fels erstarren. Und jeder, der heute durch den Canyon wandelt, wird sie mit etwas Fantasie noch erkennen, die vielen unterschiedlichen, versteinerten Gestalten mit ihren bunten Kleidern und rot bemalten Gesichtern.

Grand Staircase Escalante National Monument

Das relativ junge, erst 1996 ins Leben gerufene Grand Staircase Escalante National Monument erstreckt sich zwischen den Nationalparks Capitol Reef im Norden und Bryce Canyon im Westen sowie der Glen Canyon National Recreation Area im Süden. Es schützt eines der landschaftlich vielfältigsten und attraktivsten Regionen der Vereinigten Staaten mit *Slot Canyons* und steilen Klippen in allen Farben, bizarren Felsgebilden und Monolithen, Felsbögen und -brücken, dazwischen idyllischen Wasserläufen und bunt gestreiften fossilienreichen Hügeln. Dort findet man noch echte Wildnis, in der Naturgewalten den Lauf der Dinge bestimmen und Pflanzen wie Tiere ungestört leben.

Die Bezeichnung **Grand Staircase** bezieht sich auf die »große Treppe«, überdimensionale Felsstufen, die vom Kerngebiet nördlich des Bryce Canyon über den Zion National Park und die Vermilion Cliffs bis in den Grand Canyon hinab reichen.

Erschlossen wird das über 7600 km² große Gebiet des National Monument über die **Highways 89 und 12**, einer wegen grandioser Streckenführung zum *National Scenic Byway* erhobenen Straße, und durch eine Reihe unbefestigter Pisten. Darunter befindet sich die oben bereits beschriebene **Cottonwood Canyon Road** und die Stichstraße zum Lake Powell. Diese 57 mi lange **Hole in the Rock Road** folgt einer historischen Route, die von mormonischen Siedlern im 19. Jahrhundert zur Überquerung des Colorado River genutzt wurde. Auf ihr erreicht man mehrere der erwähnten *Slot Canyons*.

Der Highway 12, ein National Scenic Byway, gehört zu den schönsten Routen im Südwesten

Metate Arch

Devils Garden an der Hole-in-the-Rock Road, etwa 12 mi südlich des Highway 12 unweit Escalante

Big Horn Canyon im Grand Staircase Escalante National Monument

Zebra Slot

Tunnel Slot

Peek-a-boo Gulch

Peek-a-boo Gulch,
Grand Staircase Escalante National Monument

Broken Bow Arch im Willow Gulch

Coyote Natural Bridge im Coyote Gulch, Grand Staircase Escalante National Monument

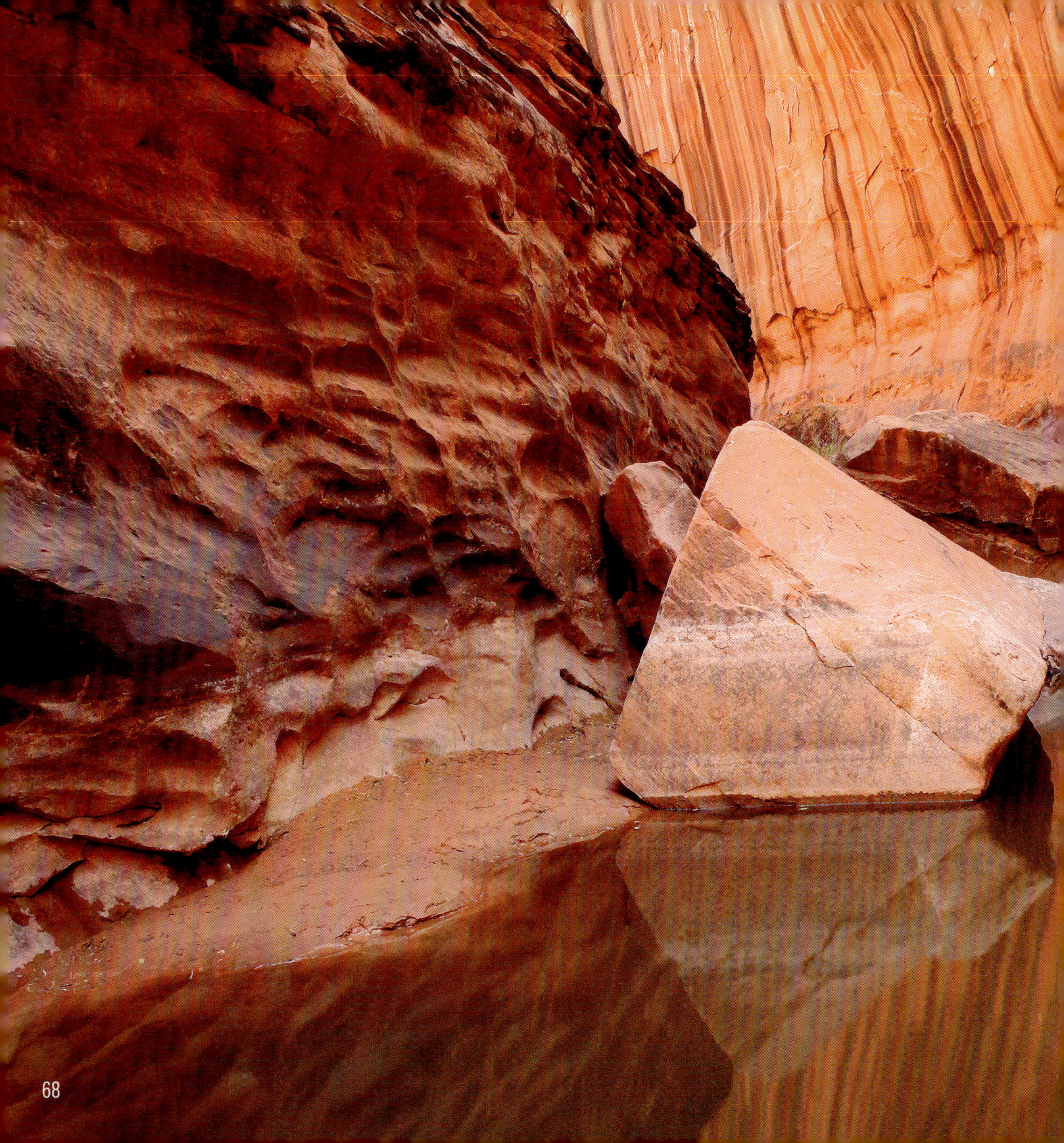

Reflektionen im Stevens Canyon, Grand Staircase Escalante National Monument

Coyote Gulch Kaskaden

Golden Cathedral im Neon Canyon, Grand Staircase Escalante National Monument

Spiegelung des Stevens Arch

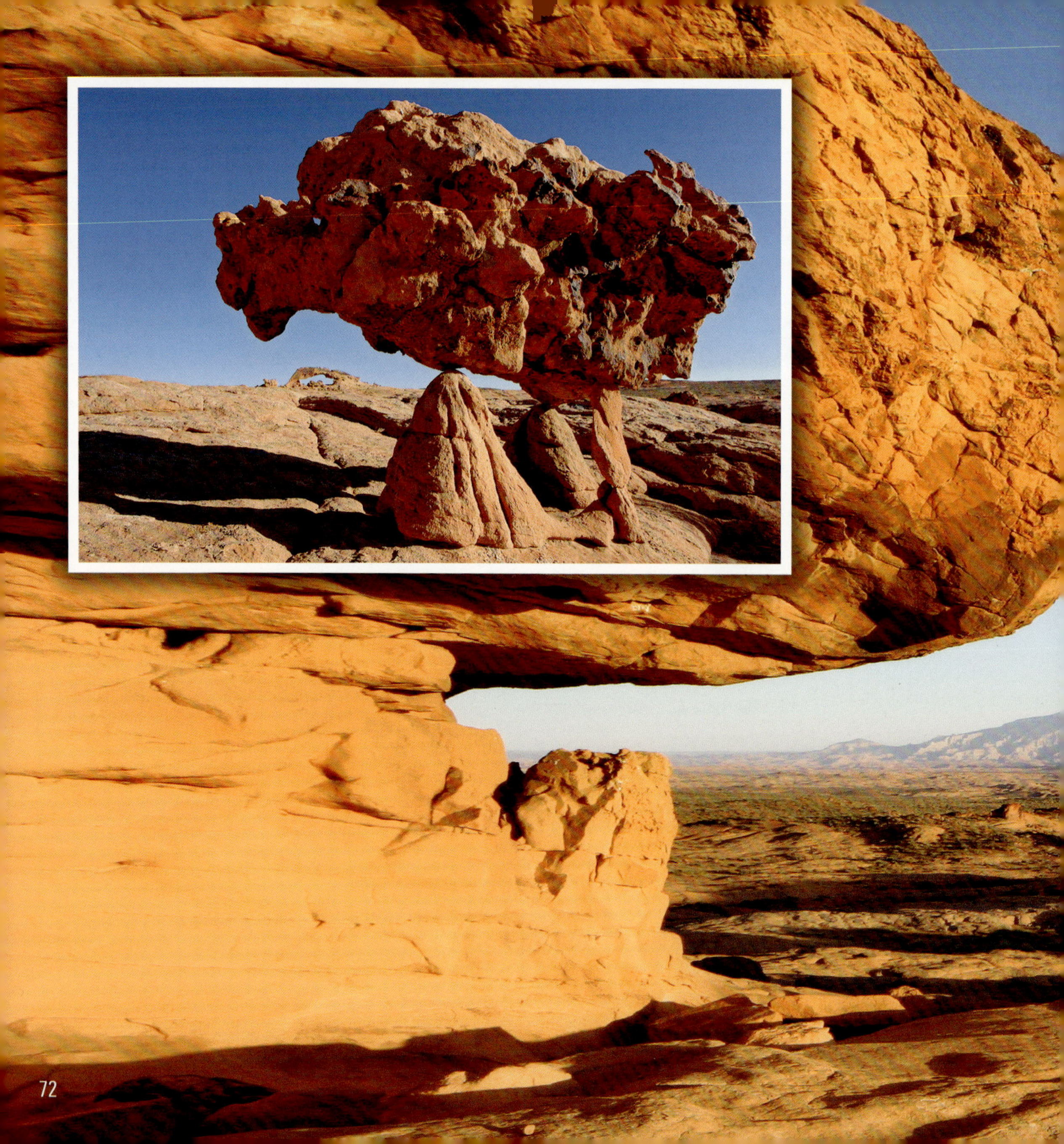

Der Sunset Arch an der Hole-in-the-Rock Road aus unterschiedlichen Perspektiven

Moqui Marbles
Geheimnisvolle Kugeln

In der Sprache der Hopi Indianer bedeutet das Wort *Moqui* [*mo-ki*] soviel wie »liebe Abgereiste«. Einer Legende zufolge kehren die Geister verstorbener Ahnen abends nach Sonnenuntergang auf die Erde zurück, um mit Murmeln (*marbles*) zu spielen. Im Morgengrauen brechen sie wieder auf und hinterlassen die Kugeln als Zeichen dafür, dass sie glücklich und wohlauf sind.

Geologisch handelt es sich um Eisenoolithe (griech. *oion* = Ei, *lithos* = Stein), bis zu 20 cm große Eisenoxidkugeln mit einer harten dunklen Schale aus Hämatit und einem meist beige farbenen, sandsteingefüllten Inneren. Über die Entstehung dieser seltenen Formationen streiten sich Naturwissenschaftler bis heute. Während einige noch auf der kosmischen Ursprungstheorie beharren und diese Steine als Überreste von Meteoriteneinschlägen ansehen, ist neuesten Erkenntnissen zufolge eine sedimentäre Entstehung auf der Erde wahrscheinlicher. Auf der Oberfläche unseres Nachbarplaneten Mars wurden bereits ähnliche Formationen entdeckt, die sogenannten »*martian blueberries*«.

Es wird angenommen, dass sich die Eisenoolithe im Südwesten der USA vor etwa 25 Mio. Jahren gebildet haben, als große Mengen an Regenwasser durch poröses Gestein sickerten und chemische Reaktionen Mineralstoffe dazu veranlassten sich zu runden

Kugeln zu agglomerieren. Im Lauf der Zeit erodierte der umliegende, weichere Navajo Sandstein weg und legte die *marbles* frei. Diese gruppierten sich in der Folge zu Hunderten und Tausenden in den Senken des amerikanischen Südwestens.

Im Gebiet des **Grand Staircase Escalante Monument**, in den Nationalparks **Capitol Reef** und **Zion**, im **Snow Canyon State Park** und im Bereich um **Moab** findet man heute noch großflächige Felder mit *Moquis*, soweit das Auge reicht: kugelrunde, ufoförmige, kleinere und größere, frei herumliegend oder in buntem Sandstein eingebettet.

Ein relativ leicht zu erreichender Ort liegt südlich der **Old Sheffield Road**, die östlich von Escalante vom Highway 12 abzweigt. Auch die gestreiften Felswände des ***Zebra Slot*** sind gespickt mit diesen lustigen Kugeln.

Was man in all diesen Naturschutzgebieten unbedingt beachten sollte: das Entfernen, Mitnehmen oder Zerstören von Steinen und Mineralien steht unter Strafe.

*Leave nothing but footprints,
take nothing but photographs!*

Lower Calf Creek Falls

Little Death Hollow im Grand Staircase Escalante National Monument

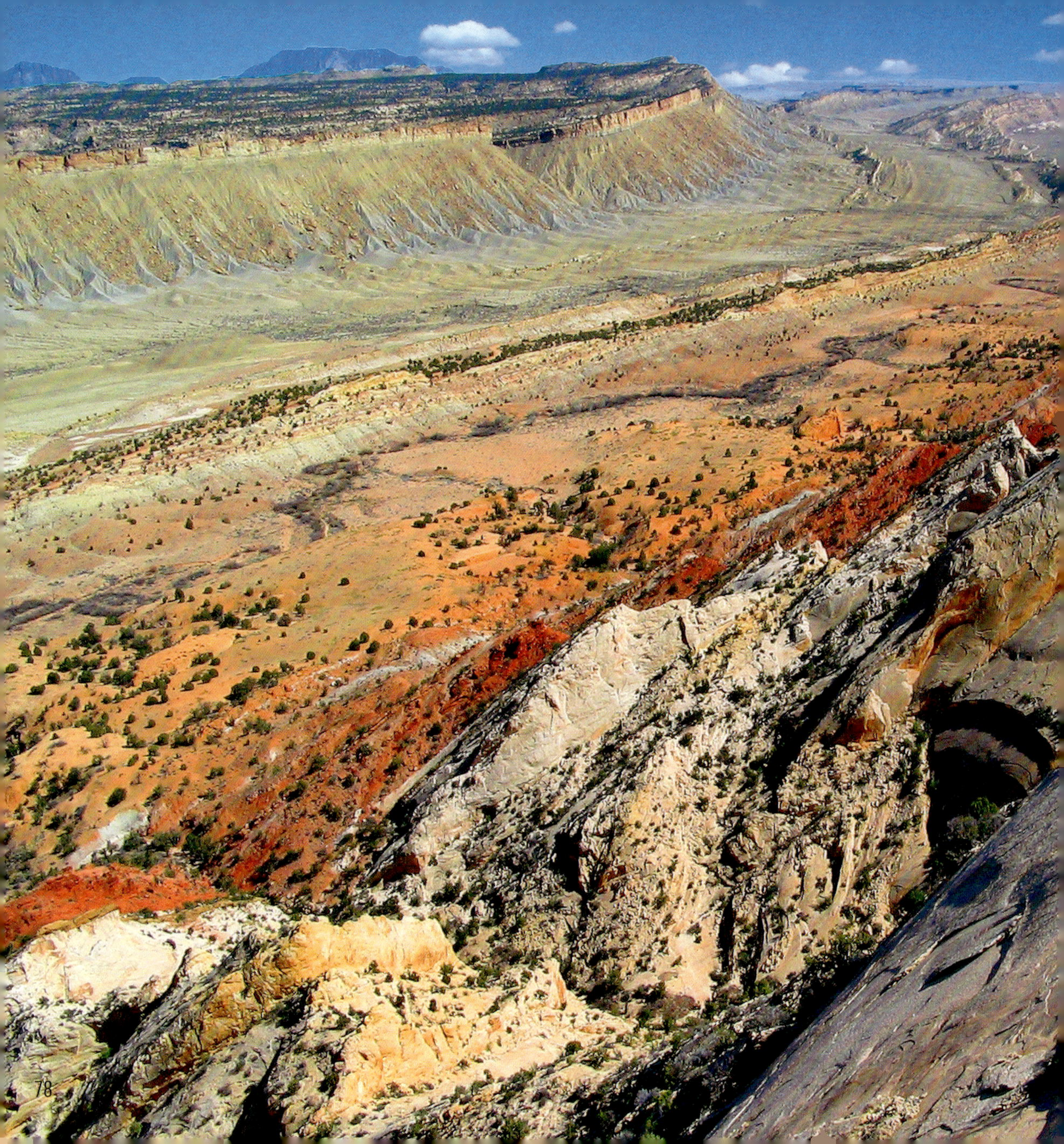

Swell, Reef, Fold und Fault
Geologische Falten und Verwerfungen

Außer tiefen Canyons und engen Schluchten mit all ihren natürlichen Kuriositäten wartet im Südwesten der USA eine weitere geologische Besonderheit: Neben Flüssen und Sturzfluten, die Erde und Felsen auseinander rissen, ließ auch die Dynamik der **Plattentektonik** die Landschaft nicht ruhen. Immer wieder kam es im Lauf der Jahrmillionen zu Hebungen, Faltungen und Verwerfungen.

Ein imposantes Beispiel findet man im Gebiet des heutigen Capitol Reef National Park, wo sich vor 65 Mio. Jahren eine gigantische Gebirgsfalte ausbildete, die an ihrem Scheitel aufbrach und langsam von der Erosion wieder abgetragen wird. Der Begriff *Reef* wurde von den ersten weißen Siedlern geprägt, die hier auf ihrem Weg nach Westen eine gewaltige Barriere vorfanden. Am *Strike Valley Overlook* öffnet sich ein überwältigender Blick auf die schräggestellten Sedimentschichten am Rande der *Waterpocket Fold*, die sich vom Lake Powell im Süden über 160 km nach Norden erstreckt.

Ähnlich geneigte, aufgefächerte Schichten wie im Capitol Reef National Park findet man u.a. im *Split Mountain Canyon* des Dinosaur National Monument, der langgestreckten *Comb Ridge* im Südosten Utahs sowie dem *Cockscomb* im Grand Staircase Escalante Monument. Äußerst eindrucksvoll ist auch die 120 km lange und 60 km breite Sandsteindecke, die sich im *San Rafael Swell* nordöstlich des Capitol Reef Park gen Himmel reckt.

Von einer *Fault* sprich man bei Verwerfungszonen, wo zwei Erdkrustenabschnitte großflächig gegeneinander versetzt wurden. Prominentestes Beispiel dafür ist der bekannte San Andreas Graben entlang der kalifornischen Küste.

Strike Valley Overlook
im Capitol Reef National Park

Factory Butte Arch
bei Hanksville

Blick in das Lower Cathedral Valley
im Capitol Reef National Park

Rund um Hanksville

Das verschlafene Nest Hanksville an der Kreuzung der Highways 24 und 95 ist ein guter Ausgangspunkt für Ausflüge in das Gebiet des **San Rafael Swell**, den **Goblin Valley State Park**, das *Cathedral Valley* im Capitol Reef National Park sowie in den **Maze District** des Canyonlands National Park oder in die Glen Canyon National Recreation Area, Ziele, die abwechslungsreicher nicht sein könnten: tempelartige Monolithe, farbenfrohe *badlands*, kunstvolle indianische Zeichnungen, alte Minen, tiefe Schluchten, herrliche Felsbögen und zierliche Kobolde aus Stein – vor allem aber wilde, unberührte Natur.

Sandsteinillusionen im **Little Wild Horse Canyon**: Durch eine Drehung des kleinen Bildes um 180° verwandeln sich die schattigen Vertiefungen in den Felswänden in empor stehende »Steine«. Eine meisterhafte optische Täuschung!

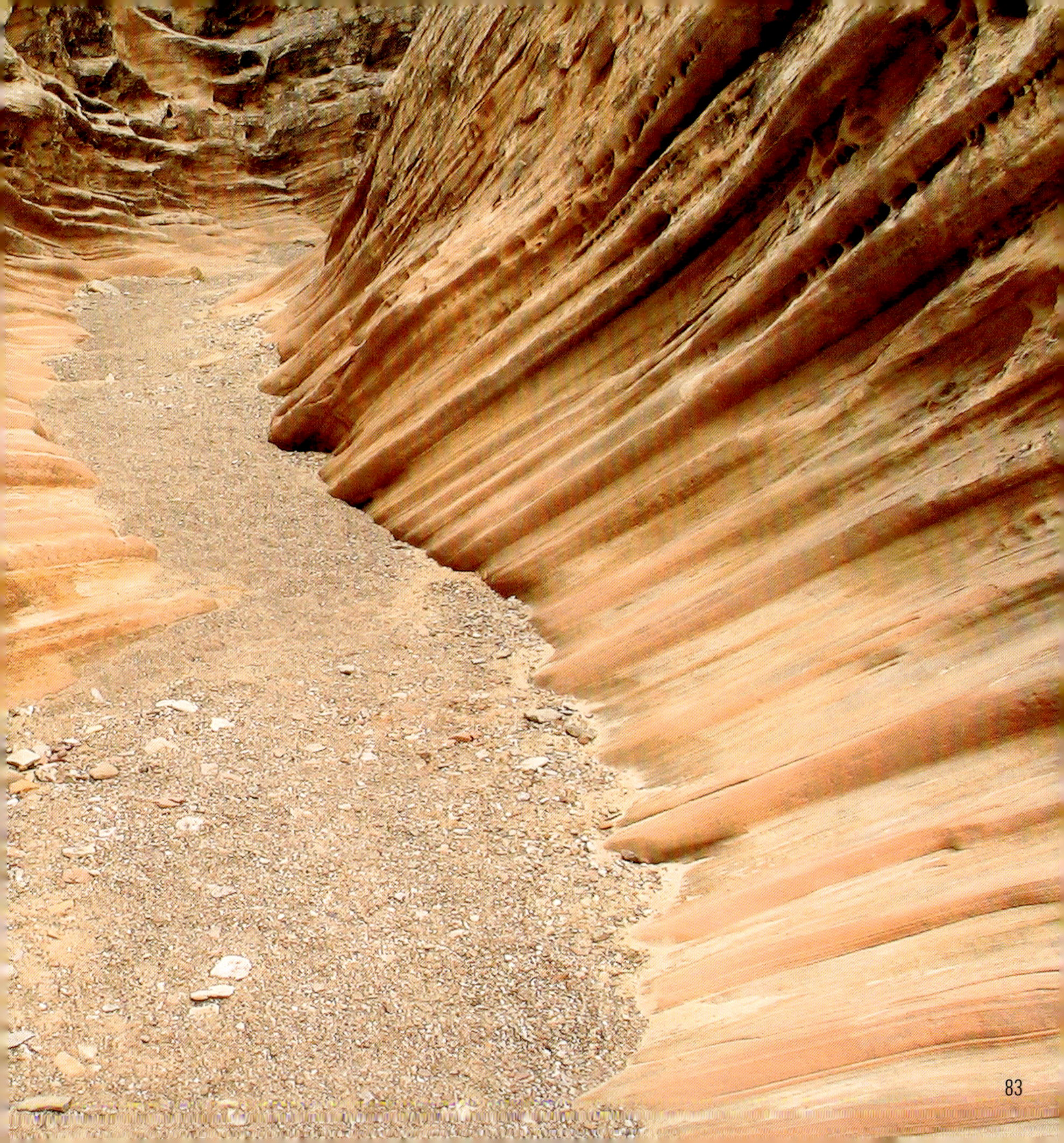

Goblin Valley State Park

Little Egypt Geologic Area

Indian Rock Art
Felskunst der Ureinwohner

Der Südwesten der Vereinigten Staaten beherbergt die höchste Konzentration präkolumbischer Felszeichnungen des amerikanischen Kontinents. Oft sind nur simple geometrische Figuren, Handabdrücke, anthropomorphe (menschenähnliche) Gestalten, Abbilder von Schlangen oder Dickhornschafen skizziert, woanders aber auch aufwändige detailreiche Darstellungen von Jagdszenen bis hin zu meterlangen Gemäldegalerien. Und immer wieder taucht der **Kokopelli** auf, ein kleiner buckliger Flötenspieler, der als Symbol für Fruchtbarkeit gilt und Regen herbeizuzaubern vermag.

Die indianischen Felszeichnungen lassen sich in zwei Kategorien einteilen: die in den Stein geritzten **Petroglyphen** (*petropglyphs*) und die **Piktogramme** (*pictographs*), bei denen die Felswände mit Farbe bemalt wurden. Dass Felsmalereien über viele Jahrhunderte erhalten blieben, ist dem mineralischen Ursprung der verwendeten Pigmente zu verdanken. Diese setzen sich größtenteils aus Mangan, Hämatit, Malachit, Gips, Tonerden, Limonit und weiteren Oxiden zusammen.

Felsritzungen wurden bevorzugt auf den dunklen, glatten Wänden hinterlassen, die mit sogenanntem *desert varnish* überzogen sind, einem durch metallhaltigen Lehmstaub verursachten, oftmals silbrig glänzenden, schwarzbraunen »Wüstenlack«. Die am besten erhaltenen Bildergalerien findet man unter großen Felsüberhängen und in Höhlen.

Ein großes Problem stellt die Datierung der Zeichnungen dar, zumal bei Felsritzungen. Aber auch bei der Anfertigung von *pictographs* wurden keine oder kaum organische Substanzen verwendet, deren Zustand Rückschlüsse auf ihr Alter zuließe. Archäologen können meist nur durch Vergleich von Ähnlichkeiten von Felszeichnungen an verschiedenen Fundorten ihr ungefähres Alter bestimmen.

The Great Gallery, Kunstgalerie vor Tausenden von Jahren eröffnet im heutigen Canyonlands National Park

Die meisten dieser Werke sind wohl vor nicht mehr als 1000 Jahren entstanden. Es gibt aber auch deutlich ältere, so z.B. die im sog. *Barrier Style* gemalten Piktogramme im Horseshoe Canyon. Die **Great Gallery** mit ihren bis zu 2 m hohen geisterhaften Gestalten ist nach neuesten wissenschaftlichen Erkenntnissen an die 8000 Jahre alt. Ebenfalls dem *Barrier Style* zugeordnet, aber deutlich jünger, sind die **Moqui Queen** direkt am Highway 95 südlich von Hanksville sowie fast alle Malereien im San Rafael Swell (nördlich von Hanksville), darunter der **Head of Sindbad** und die Piktogramme im *Wild Horse Canyon* oder bei der *Temple Mountain Junction*.

Weitere bedeutende Felszeichnungen finden sich im **Sego Canyon**, im **Nine Mile Canyon**, auf dem Gebiet der **McConkie Ranch** bei Vernal, bei den **McKee Springs** im Dinosaur National Monument, im **Needles District** des Canyonlands National Park sowie in der **Grand Gulch Area**. Beeindruckend gut erhalten sind auch die Kunstwerke im **Largo Canyon** sowie in der **Painted Cave** nördlich des Canyon de Chelly National Monument, in der über 1000 Handabdrücke gezählt wurden.

Die Bedeutung der einzelnen Felszeichnungen konnte größtenteils nicht enträtselt werden. Man nimmt an, dass viele im Rahmen religiöser Rituale entstanden. Die arm- und beinlosen Figuren stellen vermutlich Schamanen oder Medizinmänner dar. Einige der Werke könnten aber auch Aufschluss über Wasserquellen und Jagdgebiete geben oder als Landkarte gedient haben. So kommt es, dass so mancher mit Petroglpyhen übersäte Felsen den Namen **Newspaper Rock** erhielt (z.B. im Petrified Forest National Park oder im *Indian Creek Canyon* bei Monticello südlich von Moab).

Kokopelli

Largo Canyon

McKee Springs, Dinosaur National Monument

Cottonwood Canyon

Nine Mile Canyon

Head of Sindbad

Sego Canyon (Thompson Wash)

Blick auf Meander des Colorado River vom Dead Horse Point State Park aus

Rund um Moab

Die lebendige Kleinstadt Moab ist nicht nur das Tor zu den Nationalparks Canyonlands und Arches, sondern **das** touristische Zentrum im Südosten von Utah. Vor allem als Outdoor-Paradies hat sich Moab einen Namen gemacht. Unzählige Mountainbikepfade, kilometerlange Wanderrouten zu einsamen Steinbögen und Felsnadeln und abenteuerliche Jeeptrails erschließen das *Red Rock Country* rund um den Ort. Beliebt sind auch Reit- oder Klettertouren, Flüge über die nahezu unendliche Canyonlandschaft und Bootsfahrten auf dem Colorado River. Kein Wunder, dass in Moab Besucher aus aller Welt in der hiesigen Hauptsaison (April-Juni sowie September und Oktober) für ausgebuchte Zimmer sorgen.

Der berühmte Delicate Arch im Arches National Park

Sonnenaufgang beim Mesa Arch in der Nordsektion Island in the Sky des Canyonlands National Park

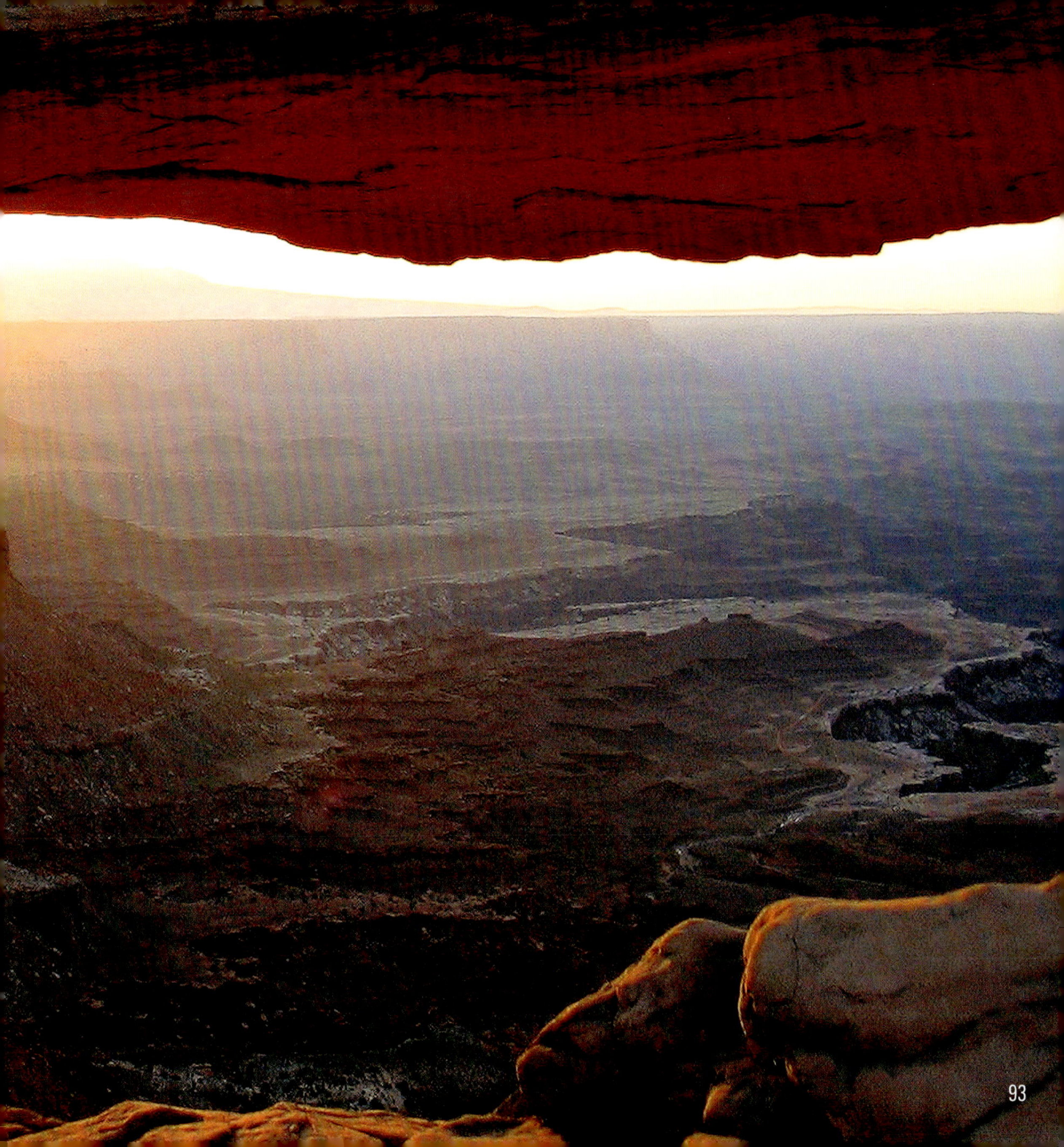

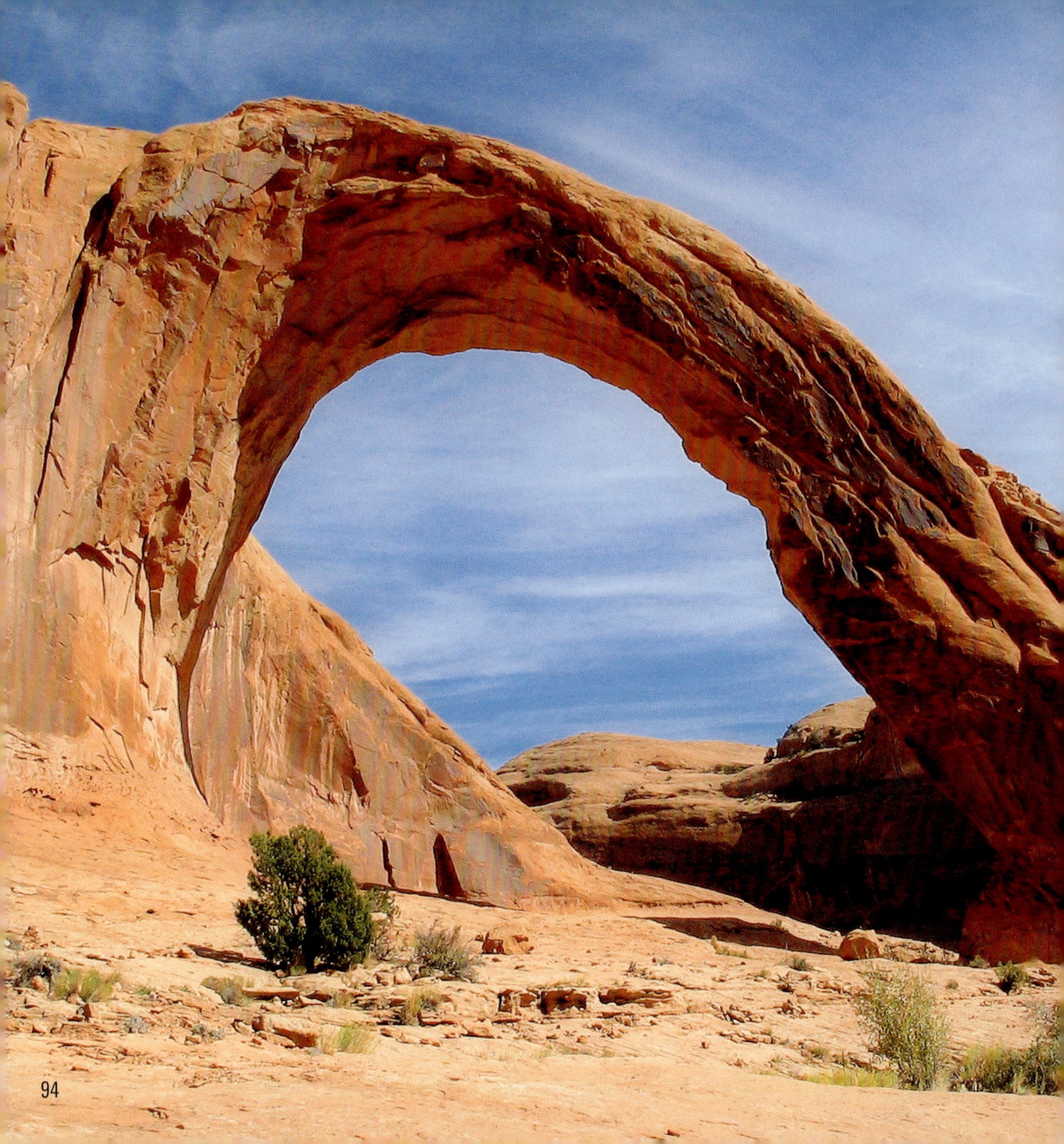

Corona Arch nahe der
Potash Road westlich von Moab

Bow Tie Arch,
ebenfalls unweit der Potash Road

Die einsame Secret Spire
nördlich von Moab

96

Tukuhnikivats Arch in der Behind the Rocks Wilderness

Auf dem Highway 163
dem Horizont entgegen

Monument Valley, ein Navajo Tribal Park

Four Corners

Als *Four Corners* bezeichnet man nicht nur den gemeinsamen Grenzstein der US-Staaten Arizona, New Mexico, Colorado und Utah im gleichnamigen Monument, sondern die gesamte Region zwischen dem legendären Monument Valley, dem Canyon de Chelly National Monument, dem Chaco Culture National Historical und Mesa Verde National Park.

Shiprock

Rooftop Arch bei Aztec

Owl Canyon Granary
in der Cedar Mesa Region

Die geheimnisvolle Kultur der Anasazi

Die meisten präkolumbischen Relikte in der *Four Corners* Region stammen aus der Zeit der *Anasazi*, die erstmals vor 2000 Jahren in dieser Gegend siedelten. Die erhalten gebliebenen Artefakte ihrer Handwerkskunst und ihre etwa ab dem 8. Jahrhundert errichteten, als *pueblos* bezeichneten - Gebäudekomplexe versetzen uns noch heute in Erstaunen.

Der Bereich rund um den **Chaco Canyon** (heute *National Historical Park*) war zu Beginn des 2. Jahrtausends unserer Zeitrechnung ihr kulturell-religiöses Zentrum. Die dort frei stehenden Großhäuser hatten bis zu fünf Etagen mit Hunderten von Räumen. Von zentraler Bedeutung waren auch die mehrstöckigen sog. **Cliff Dwellings** (Klippendörfer) unter der Hochebene **Mesa Verde** in der äußersten Südwestecke von Colorado, heute ein Nationalpark.

Nicht minder sehenswert sind die zahlreichen Ruinen, die die *Anasazi* in der **Cedar Mesa** und der **Grand Gulch** Region hinterließen. Sie verstanden es meisterhaft, ihre kleinen Wohnungen und Kornspeicher (*granaries*) an enge, hohe Felsvorsprünge zu schmiegen. Diese nur schwer zu findenden und zugänglichen Klippenbehausungen dienten nicht nur der Sicherheit und besseren Verteidigung, sondern schützten auch ihre Vorräte vor Regen, Sturzfluten und wilden Tieren.

Etwa um 1300 n. Chr. verschwand das Volk der *Anasazi* von der Bildfläche. Was mit ihnen geschah oder wohin sie gingen, konnte bis heute nicht eindeutig belegt werden. Eine lang anhaltende, extreme Dürreperiode könnte sie gezwungen haben, ihr Siedlungsgebiet zu verlassen, ebenso aber auch feindliche Stämme, die aus dem Norden einfielen.

Fallen Roof Ruin im Road Canyon

106

Horse Collar Ruin im
Natural Bridges National Monument

House on Fire im Mule Canyon,
Cedar Mesa Region

White House Ruin in
Canyon de Chelly National Monument

Spider Rock im
Canyon de Chelly National Monument

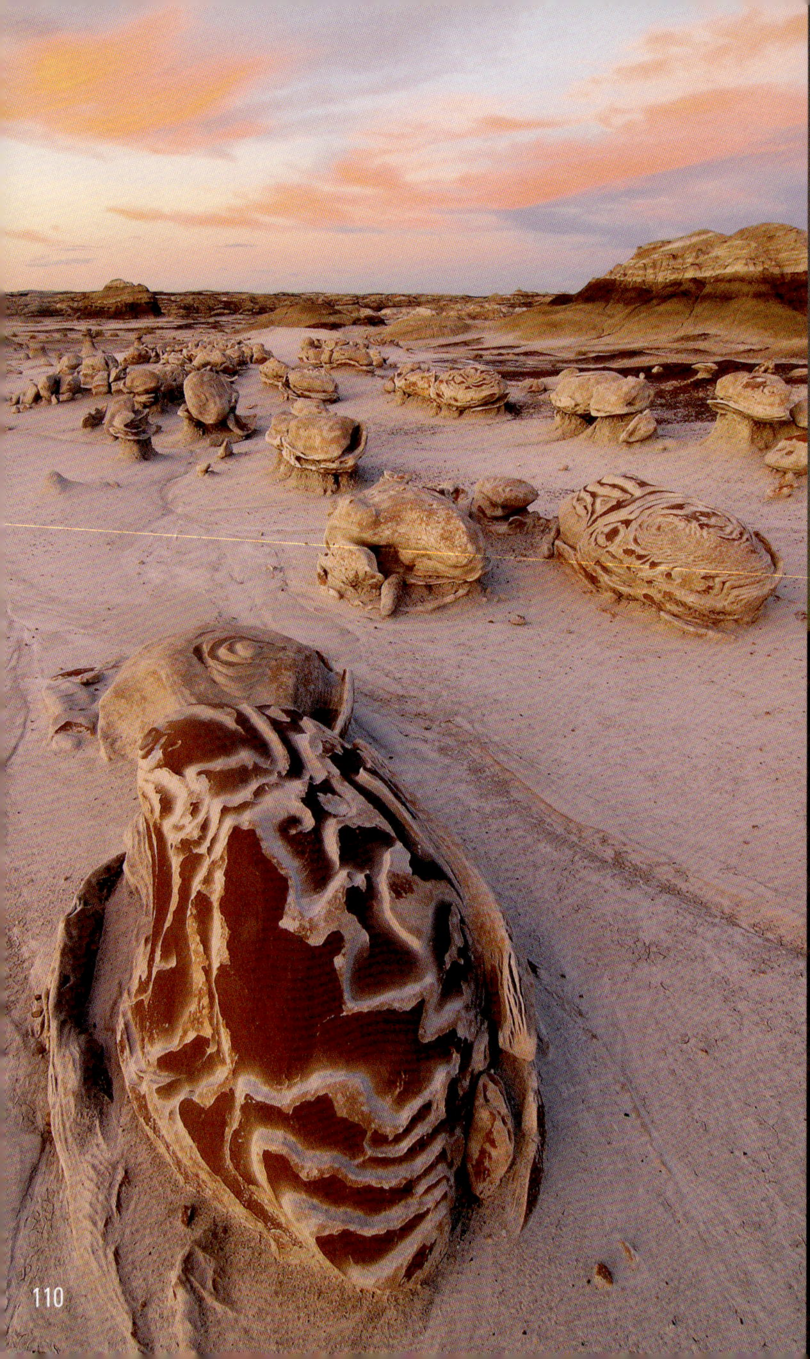
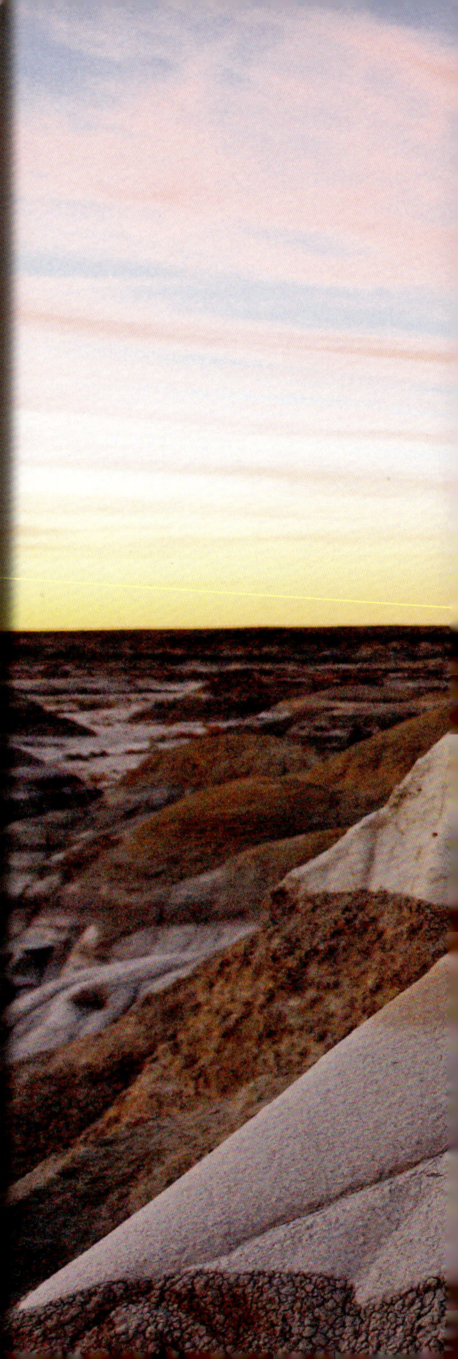

Bisti/De-Na-Zin Wilderness

Bisti/De-Na-Zin Wilderness

Durch diese aride Mondlandschaft aus bunten Lehmhügeln und seltsam erodierten Felsskulpturen führen auch heute noch keine ausgewiesenen Wanderwege. Rund um den **Hunter**, **Alamo** und **De-Na-Zin Wash** im nur spärlich besiedelten Nordwesten New Mexicos wurde ein knapp 180 km² großes Gebiet unter Naturschutz gestellt. Das der Sprache der Navajos entnommene »*Bis-ta-hi*« bedeutet soviel wie »schlechtes Land« und »*De-Na-Zin*« heißt übersetzt »Kranich«. Tiere wird man – bis auf vereinzelte Hasen, Kojoten, Schlangen oder Raubvögel – nur wenige antreffen. In fossiler Form liegen sie aber in großen Mengen vor. Eingebettet zwischen urzeitlichen Wäldern haben zahllose Dinosaurier und Reptilien hier ihre letzte Ruhestätte gefunden.

Bisti/De-Na-Zin Wilderness Area

Ah-shi-sle-pah Wilderness

Dieser kaum bekannte, landschaftlich dennoch ausgesprochen reizvolle Abschnitt des *Ah-shi-sle-pah Wash* wurde 1992 wegen seiner paläontologischen und archäologischen Fundstellen als **Wilderness Study Area** ausgewiesen Das Schutzgebiet umfasst knapp 26 km² und liegt im San Juan Basin zwischen der Bisti/De-Na-Zin Wilderness und dem für seine indianischen Ruinen bekannten Chaco Culture National Historical Park. Am südlichen Rand des weitläufigen, meist knochentrockenen *Ah-shi-sle-pah* Flussbetts erstreckt sich eine Wunderwelt aus ocker und olivgrünen *badlands*, zierlichen *hoodoos* und versteinerten Baustämmen. Nur selten trifft man in dieser Abgeschiedenheit Touristen. Ein herrliches Fleckchen Erde, wo die Zeit stehen geblieben zu sein scheint und man seinem Entdeckergeist freien Lauf lassen kann!

Versteinerter Baumstumpf

Ah-shi-sle-pah
Wilderness Study Area

Crystal Forest im Petrified Forest National Park

Petrified Forest National Park

Versteinertes Holz findet man an vielen Orten auf dem Colorado Plateau, doch nirgends in einer derart beeindruckenden Farbenpracht und Vielfalt wie zwischen den bunten Hügeln des Petrified Forest National Park. Tausende großer und kleiner Baumstämme liegen verstreut auf dem Boden, stumme Zeugen einer längst vergangenen Zeit. Das Alter der ehemaligen Urwaldriesen wird auf bis zu 220 Mio. Jahre geschätzt.

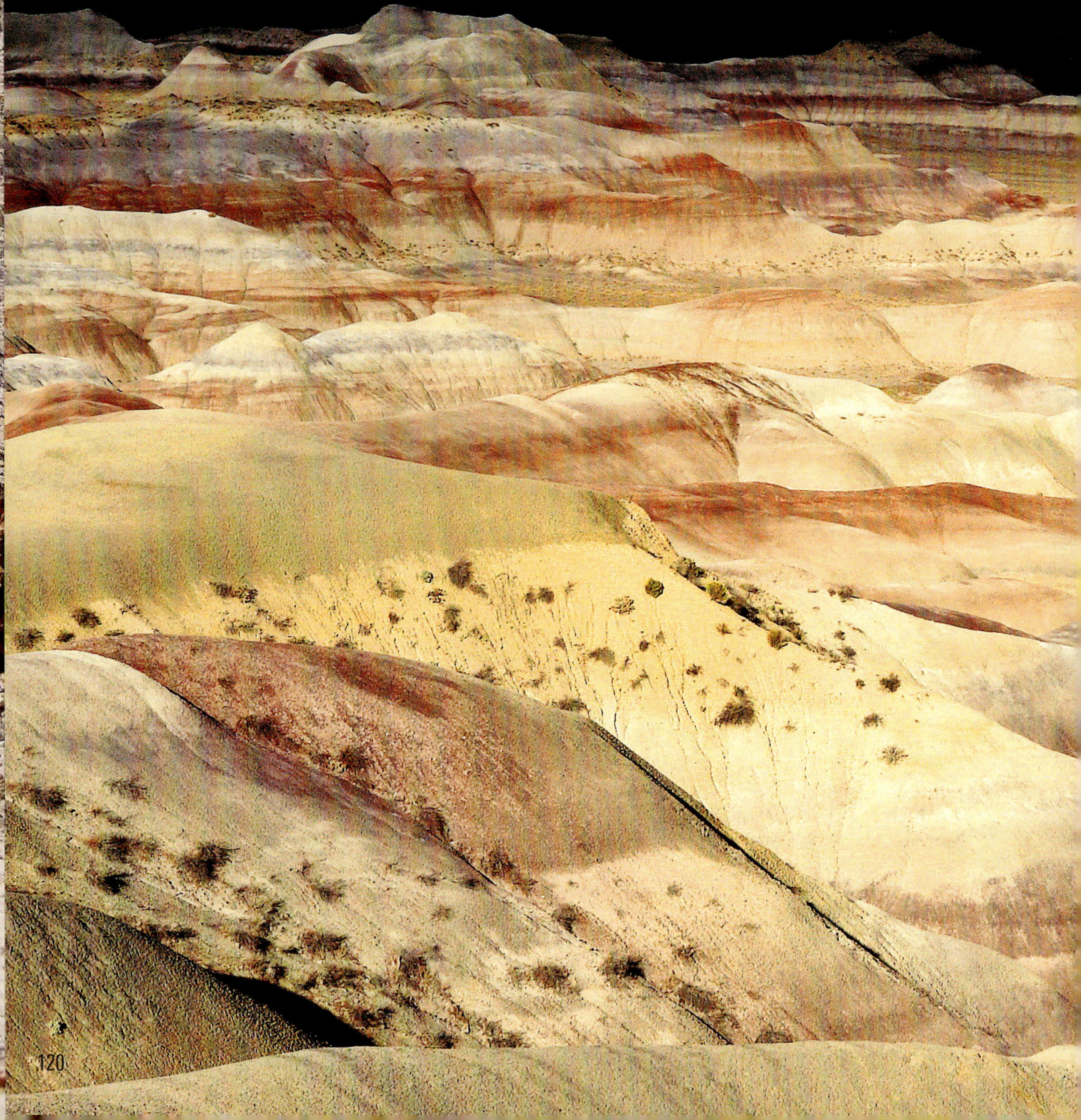

Little Painted Desert County Park

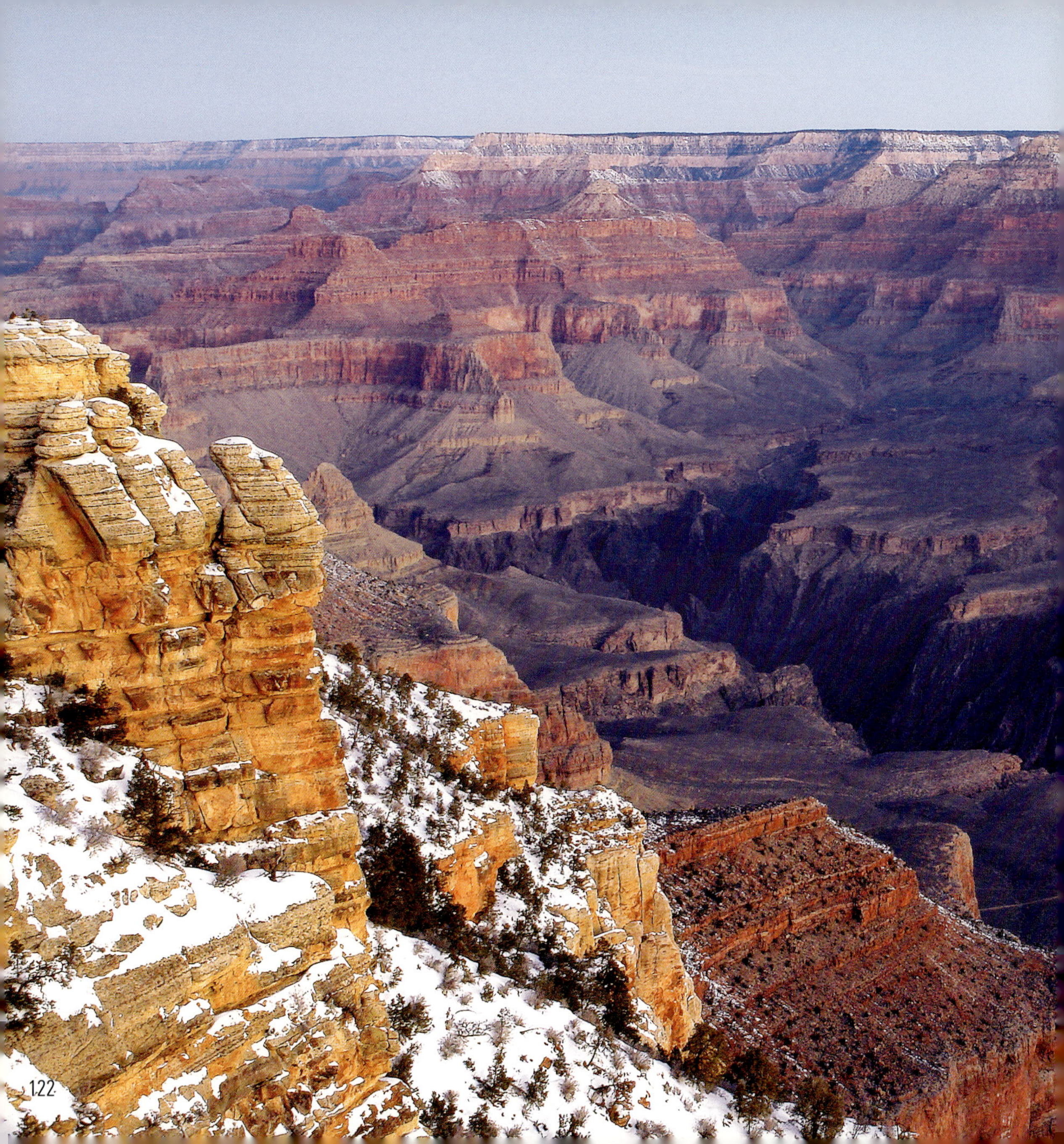

Grand Canyon National Park

Wie in einem Anschauungsbuch der Geologie entblättern die Gesteinsschichten des Grand Canyon ein großes Stück Erdgeschichte – eine Reise in die ferne Vergangenheit vom Perm vor knapp 225 Mio. Jahren bis hin zu den frühesten Ablagerungen aus dem Archaikum vor rund 1,7 Milliarden Jahren.

Schicht für Schicht – vom Kaibab-Sandstein bis zum Vishnu-Schiefer – fräste der Colorado River sich mit Hilfe des mitgeführten Gerölls bis zu 1600 m tief in das Colorado Plateau hinein.

Rund um Flagstaff

Die Umgebung von Flagstaff hat viel zu bieten. Zu den bekanntesten Attraktionen zählt zweifelsohne der **Grand Canyon National Park**, ca. 80 mi nördlich der Stadt. Aber auch eine Vielzahl an anderen Sehenswürdigkeiten befindet sich in der Nähe, so z.B. der riesige **Meteor Crater**, die *hoodoos* am **Red Mountain Volcano,** der Vulkanschuttkegel *Sunset Crater*, die indianischen Ruinen im **Wupatki** und **Walnut Canyon National Monument** sowie die *Grand Falls of the Little Colorado River*.

Auch das **Red Rock Country** rund um die weitläufige Ortschaft **Sedona** südlich von Flagstaff, einer Hochburg der New Age-Bewegung, ist immer einen Besuch wert.

Wukoki Ruin im Wupatki National Monument

Grand Falls of the Little Colorado River

Joshua Tree National Park

Ein **Wonderland of Rocks** im wahrsten Sinne des Wortes verbirgt sich im Herzen des Joshua Tree National Park: Riesige Granitblöcke von Eis zersprengt und von Wind und Wasser modelliert. Ihre Entstehung verdankt diese skurrile Anhäufung abgerundeter Felsen gewaltigen Schmelz- und Erstarrungsprozessen im Erdinneren. Festes Material wurde einst durch glühend heißes Magma geschmolzen und wieder nach oben geschoben. Noch bevor sie die Erdoberfläche erreichten, verhärteten sich die magmatischen Tiefengesteinskörper zu Granit. Durch weitere Hebungen und Erosion wurden sie schließlich ans Tageslicht gebracht.

Das von riesigen Gesteinsbrocken umschlossene **Hidden Valley** bot einst Verbrechern und Banditen Unterschlupf. Das Felslabyrinth rund um die **Jumbo Rocks** ist heute ein Paradies für Kletterer und Outdoor-Enthusiasten, obendrein ein Abenteuerspielplatz der Sonderklasse. Interessant sind auch der skurrile **Arch Rock**, der Steingarten am **Baker Dam**, die Relikte alter Goldminen im **Queens Valley** und an der **Wall Street** sowie die nur im Rahmen von geführten Touren zugängliche **Keys Ranch**.

Der Joshua Tree Park hat aber neben Felswundern noch einiges mehr zu bieten. Dort treffen zwei große amerikanische Wüsten aufeinander, die **Mojave** und die **Sonora Desert**. Die höher gelegene, regenreichere *Mojave* reicht von Norden bis weit in den Park hinein. Dort sind die zur Familie der Liliengewächse gehörenden **Joshua Trees** beheimatet. Der tiefer liegende Ostteil des Parks gehört zur kargen Kakteenwüste der *Sonora*. Sehr pittoresk wirken dort die anmutigen Teddybärkakteen im **Cholla Cactus Garden** und die Palmen in der Oase **Cottonwood Spring** inmitten einer knochentrockenen Felswüste.

Jumbo Rocks, Joshua Tree National Park

Death Valley National Park

Dem berühmten Death Valley eilt ein besonderer Ruf voraus, nicht nur wegen des abschreckenden Namens. Bei Badwater erreicht man den tiefsten Punkt des nordamerikanischen Kontinents (86 m unter dem Meeresspiegel). Temperaturen um die 50°C im (dort nicht vorhandenen) Schatten sind keine Seltenheit. Eine »Hölle« inmitten karger, steiniger Hügel und Sanddünen, was sich auch in manchen Ortsbezeichnungen wie *Devils Golf Course* oder *Devils Cornfield* am Highway 190 widerspiegelt.

Überraschenderweise birgt das »Tal des Todes« aber auch **üppiges Leben**, u.a. rund um die neun ganzjährig Wasser führenden Fälle im **Darwin Canyon** und u.a. in den Oasen bei **Furnace Creek** und **Scotty's Castle** im Norden des Nationalparks.

Im März 2005 geschah Unerwartetes. Heftige, lang anhaltende Niederschläge ließen die Wüste aufblühen. Die Berghänge schmückten sich mit einem kräftigen Gelb, und in der Senke des Tales bildete sich ein großer See, den für kurze Zeit sogar kleine Boote belebten. Das Glück, ein solches Ereignis miterleben zu dürfen, wird leider kaum einem Touristen zuteil. Regenfälle dieser Stärke kamen bislang nur einmal in hundert Jahren vor.

Aber auch unter normalen Bedingungen lohnt sich der Besuch des Death Valley: Die Formationen und Farben an den Aussichtspunkten **Dantes View** und **Zabriskie Point** sind ebenso eindrucksvoll wie die auskristallisierten Salzkrusten in der Nähe von **Badwater**. Von karger Schönheit präsentieren sich die vielfarbigen vom **Artist Drive** erschlossenen Hügel sowie die **Golden** und **Mosaic Canyons**. Unvergesslich ist ein Sonnenaufgang von derHöhe der **Mesquite Sand Dunes** bei Stovepipe Wells.

Der Ausflug in das rätselhafte **Racetrack Valley** im Nordwesten des Nationalparks bleibt wegen seiner Abgeschiedenheit und der »reifenfressenden« Schotterpiste nur Abenteuerlustigen vorbehalten.

Badwater Salt Flats, Death Valley National Park

Mushroom Rock

Sonnenaufgang in den Mesquite Sand Dunes im Death Valley National Park

Racetrack Valley
Das Tal der wandernden Steine

Wie von Geisterhand gezogen bewegen sich auf einem ausgetrockneten See im Hinterland des Death Valley National Park über 150 Steine und hinterlassen dabei ihre Spuren. Die kürzeste misst gerade mal 1,6 m, die längste sagenhafte 900 m. Vermutlich schleift der Wind im Zusammenspiel mit heftigen Niederschlägen oder vereisten Flächen die bis zu 320 kg schweren Felsbrocken über die **Racetrack Playa**. Erstmals dokumentiert wurde dieses rätselhafte Phänomen im Jahr 1915, restlos aufgeklärt konnte es bis heute nicht werden.

Alabama Hills

Wunderbar abgerundete, beigegraue Granitbrocken finden sich zu Füßen der imposanten schneebedeckten Gipfel der Sierra Nevada. Wind, Wasser und Eis haben in den Alabama Hills ganze Arbeit geleistet. Weit über 300 Felsbögen und -öffnungen sollen sich hier verbergen. Zu den bekanntesten zählen der *Mobius*, *Lathe* und *Whitney Portal Arch* sowie das *Eye of Alabama*. Viele sind kaum einen Meter breit, andere wiederum weisen durchaus beachtliche Spannweiten auf. Und was viele Besucher besonders freuen wird: Hier sind keine langen Tageswanderungen erforderlich. Etliche Steinbögen befinden sich in unmittelbarer Nähe der Straße zum Whitney Portal oder sind von den Pisten durch die felsigen Hügel rasch zu Fuß erreichbar.

Cyclop's Skull

Whitney Portal Arch in der Alabama Hills Recreation Area

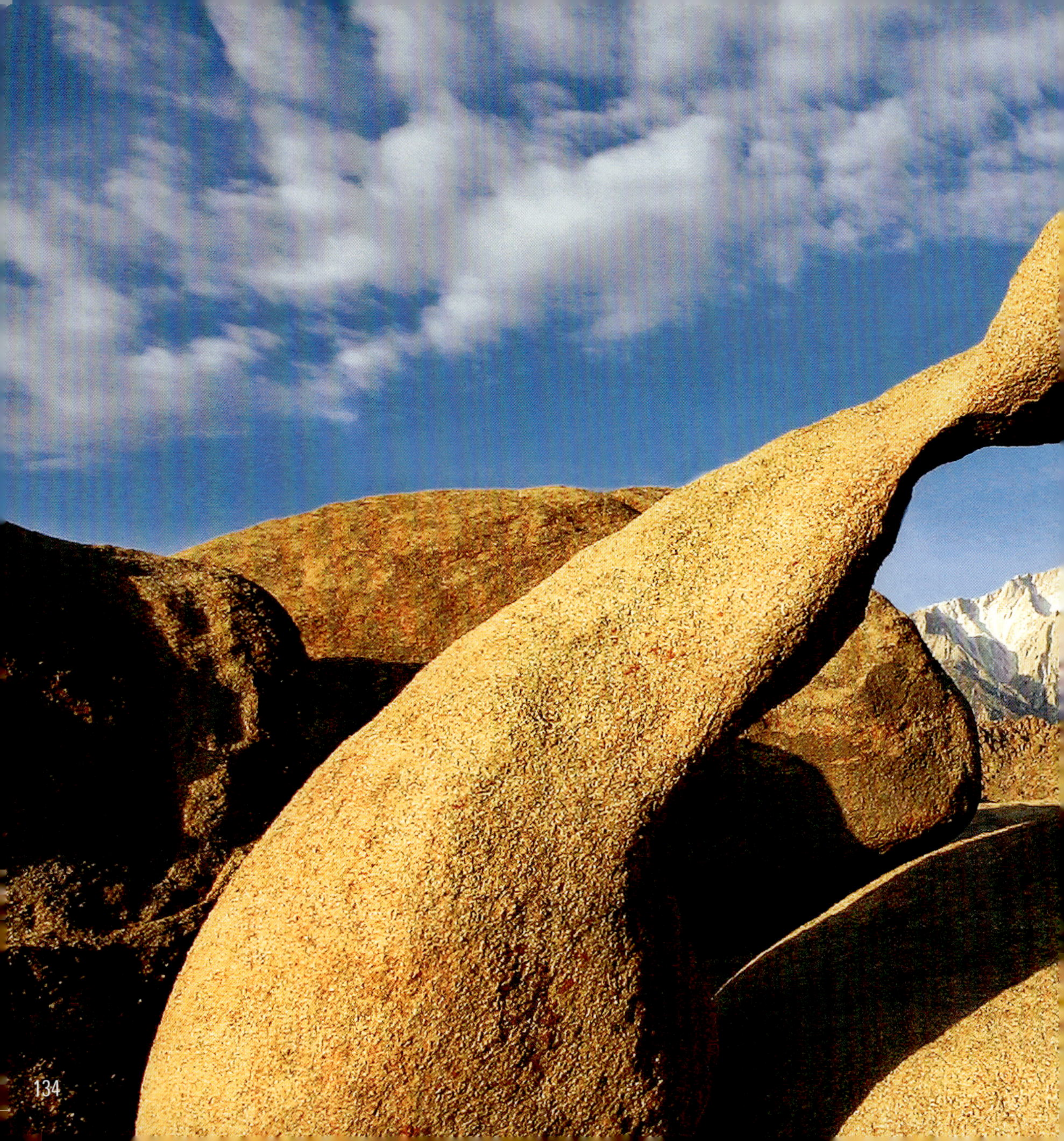

Mobius Arch im Licht der aufgehenden Sonne in der Alabama Hills Recreation Area

Routen ins Wonderland of Rocks

Die Reihenfolge der in diesem Band dokumentierten Felswunder im Südwesten der USA folgt einer imaginären, aber durchaus real nachvollziehbaren Route ab Las Vegas mit zahlreichen Abstechern und Verzweigungen. Würde man aber alle hier erwähnten Felsbögen, Schluchten und Formationen im Rahmen einer einzigen Reise besuchen wollen, wären dafür locker 2 Monate und mehr zu veranschlagen. Wie aus der Karte unten ersichtlich ist, lassen sich jedoch ohne weiteres kürzere Rundstrecken zusammenstellen, die in ein paar Wochen zu bewältigen sind (⇨ auch Karte auf Seite 3). Je nach Wetterlage und Jahreszeit sowie in Abhängigkeit von individuellem Interesse, Kondition, Wanderlust und Fahrzeug sind zahlreiche Zielkombinationen denkbar. Viele Anlaufpunkte erreicht man mit einem normalen Pkw oder Van, für eine ganze Reihe ist ein Allradfahrzeug erforderlich. Wer sich dabei auf einsame Pisten und in wegloses Gelände begibt, benötigt unbedingt topografische Karten und Kompass oder ein GPS-Gerät sowie reichlich Trinkbares, Proviant und – ganz wichtig – ein Erste-Hilfe-Set.

Im Hochsommer sollten keine längere Wanderungen auf schattenlosen Wegen unternommen werden. Das Betreten von engen Schluchten ist von Juli bis September auch nicht ganz ungefährlich. Selbst bei bestem lokalen Wetter können überraschende, von fernen Unwettern verursachte meterhohe *flash floods* auftreten.

Mit unvorhergesehenen Wetterumschwüngen ist zu jeder Jahreszeit zu rechnen. Unbefestigte Straßen wie z.B. die Cottonwood Canyon Road verwandeln sich nach heftigen Niederschlägen oft in wahre Lehmfallen und sind mitunter tagelang unpassierbar. Vor jeder Fahrt auf solchen Routen muss daher immer die Erkundung des aktuellen Straßenzustands und der Wettersituation in einem der Besucherzentren der Region stehen.

Wer mit einem Mietwagen unterwegs ist, muss wissen, dass Fahrten auf nicht asphaltierten Pisten fast immer gegen die Buchstaben des Mietvertrages verstoßen und die Versicherung für dort entstehende Schäden nicht aufkommt.

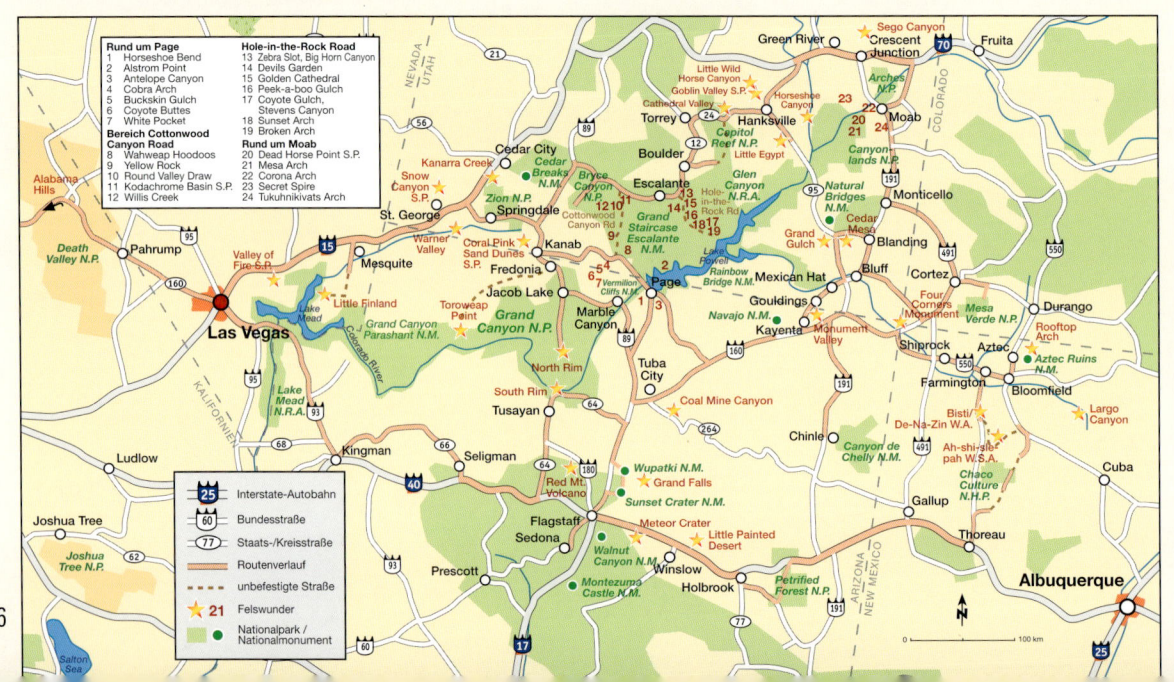

Ausgangspunkt Las Vegas

Für Touren in das Gebiet des Colorado Plateau ist **Las Vegas** ein idealer Ausgangsort. Vom Interstate Freeway 15 in Richtung Nordosten (St. George/Utah) gibt es bereits in Nevada zwei lohnenswerte Abstecher: Den **Valley of Fire State Park** (➪ Seite 6) und **Little Finland** (➪ Seite 8), ein noch relativ unbekanntes, entlegenes Sandsteinwunderland ca. 35 mi südlich von Mesquite. Dorthin geht es nur per 4WD auf dem Gold Butte Back Country Byway und einer kurzen abenteuerlichen Route durch ein ausgetrocknetes Flussbett.

In der Umgebung von St. George liegen der **Snow Canyon State Park** (➪ Seite 12), die Red Cliffs Recreation Area sowie zwei interessante Dinosaurierfundstellen, das **Warner Valley** (➪ Seite 10) und die **Dinosaur Discovery Site** (➪ Seite 11). Folgt man der Interstate 15 weiter nach Norden, bieten sich weitere kurze Abstecher an: zur Kolob Section des Zion National Park, zur idyllischen Schlucht des **Kanarra Creek** (➪ Seite 13) sowie in das nur von Ende Mai bis Mitte Oktober zugängliche, auf knapp 3000 m liegende Cedar Breaks National Monument.

Von St. George geht es auf dem Highway 9 zur Haupteinfahrt des **Zion National Park** (➪ Seiten 14-19), der einen mehrtägigen Stopp rechtfertigt. Die Auswahl an Abstechern auf der Weiterfahrt ist groß. Zwischen Mt. Carmel Junction und Kanab zweigt die Hancock Road in Richtung **Coral Pink Sand Dunes State Park** (➪ Seite 20) sowie zum **Hancock Road Arch** ab (➪ Seite 21).

Ein etwas längerer Ausflug (61 mi one-way, empfehlenswert nur mit 4WD) führt über eine westlich von Fredonia vom Highway 389 abzweigende Piste zum **Toroweap Point** (➪ Seite 22), einem der schönsten und einsamsten Aussichtspunkte im westlichen Teil des **Grand Canyon National Park**. Unproblematisch dagegen ist die Anfahrt zur **North Rim** (Nordkante, ➪ Seite 23) des Nationalparks ab Jacob Lake. Von ca. Mitte Oktober bis Mitte Mai ist die Zufahrt jedoch wegen einer dicken Schneedecke gesperrt.

Bei Weiterfahrt auf dem Highway 89 Alt(ernative) entlang der farbenprächtigen Vermilion Cliffs sollte man den kurzen Abstecher ab Marble Canyon (bei der einzigen Brücke über den Colorado River zwischen den Staudämmen Glen Canyon und Hoover bei Las Vegas) nach Lees Ferry am Ufer des Flusses nicht auslassen, dem offiziellen Beginn des Grand Canyon.

Für den Besuch der steinernen Naturwunder rund um **Page** könnte man eine komplette Urlaubswoche einplanen. Zum absoluten Mindestprogramm zählen dort Upper und/oder **Lower Antelope Canyon** (➪ Seite 31) am Highway 98 sowie der Blick hinunter auf die **Horseshoe Bend** (➪ Seite 24), eine hufeisenförmige Schleife des Colorado River keine 15 Gehminuten vom Highway 89 entfernt (südlich von Page). Bei langfristiger Vorausplanung oder kurzfristigem Verlosungsglück (Details im Internet unter www.blm.gov/az/asfo/paria/coyote_buttes/permits.htm) ergattert man vielleicht ein *permit* für die **Coyote Buttes South** (➪ Seite 40) oder **North** (➪ Seiten 36-39) und könnte dann der berühmten **Wave** einen Besuch abstatten. Wenn das nicht klappt, ist ggf. der Bereich **White Pocket** (➪ Seite 42) eine schöne Alternative. Nicht versäumt werden sollte der kurze Abstecher zu den Hoodoos in den **White Rocks** und **Rimrocks** (➪ Seite 44) sowie zu den bunten Badlands von **Old Pahreah** (➪ Seite 28), alle auch am Highway 89 westlich von Page. Weitere schöne Erdpyramiden stehen südlich des Highway 89 am **Stud Horse Point** (➪ Text Seite 45) Diese eher unbekannte Location erreicht man über eine knapp 5 mi lange Allradpiste.

Viele Ziele dieser Region werden auch von lokalen Touranbietern angesteuert. Diese Touren sind zwar nicht eben preiswert, aber eventuelle Abschleppkosten eines in der Wildnis steckengebliebenen Fahrzeugs kosten ein Vielfaches.

Den **Alstrom Point** (➪ Seite 27), einen beeindruckenden Aussichtspunkt über dem Lake Powell, erreicht man von der kleinen Ortschaft Big Water über die Pisten 230 und 264 nur mit 4WD. Zur Rainbow Bridge, einer der größten natürlichen Felsbrücken der Welt, geht es am besten per Bootstour über den Lake Powell.

Die Umgebung von Page lädt zu zahlreiche grandiosen **Wanderungen** ein, so beispielsweise durch den **Paria Canyon** (➪ Text Seite 35) oder durch den **Buckskin Gulch** (➪ Seite 35) und zum **Cobra Arch** (➪ Seite 34).

Die Zutrittsberechtigung für den auf Indianerreservatsboden befindlichen **Water Holes Canyon** (➪ Seite 33) erhält man beim Upper Antelope Canyon oder im LeChee Chapter House an der Coppermine Road (Indian Route 20) südlich von Page. Nicht nur die Schlucht östlich des Wegbeginns am Highway 89 lohnt einen Besuch, sondern auch die imposante **Great Wall** (➪ Seite 32) oberhalb der Canyonkante knapp 800 m vom Parkplatz entfernt.

Ein Tagesausflug von Page führt über die Highways 89, 160 und 264 nach Süden zum Amphitheater des **Coal Mine Canyon** (⇨ Seite 46) und zu indianischen Ruinen im Navajo National Monument nördlich des Highway 160.

Bei Schönwetter auch mit Pkw befahrbar ist die **Cottonwood Canyon Road** (⇨ Seite 49), die 26 mi westlich von Page den Highway 89 mit dem Highway 12 verbindet. Die unbefestigte Straße passiert Ausgangspunkte für eine Reihe von Wanderungen u.a. zum **Yellow Rock** (⇨ Seite 50) und verschafft Zugang zu den eigenwilligen Steinsäulen des **Kodachrome Basin State Park** (⇨ Seite 53), der geschwungenen Schlucht des **Round Valley Draw** (⇨ Seite 52), dem majestätischen Doppelbogen Grosvenor Arch und den hohen engen Cottonwood Narrows. Hinter dem Kodachrome Basin State Park zweigt die Skutumpah Road nach Südwesten ab. An dieser unasphaltierten, aber meist mit Pkw machbaren Straße liegen weitere Schluchten, u.a. der sehr schöne **Willis Creek** (⇨ Seite 55).

Der **Highway 12** (⇨ Seite 59) zwischen den Nationalparks Bryce Canyon und Capitol Reef erschließt das **Grand Staircase Escalante National Monument** (⇨ Seite 58) von Norden aus. Er ist die landschaftlich reizvollste und abwechslungsreichste Route im Bereich des Colorado Plateau. Im **Bryce Canyon** (⇨ Seite 57) sollte man nicht versäumen in das Amphitheater hinabzusteigen.

Für alle Nichtcamper bietet das verschlafene Nest **Escalante** mit seiner Handvoll Motels ein ideales Basislager für Ausflüge in die entlegenen Escalante Canyons. Entlang der unbefestigten **Hole-in-the-Rock Road**, die rund 5 mi südöstlich von Escalante vom Highway 12 abzweigt, reihen sich die felsigen Sehenswürdigkeiten eine an die andere. Die meisten liegen abseits der Hauptpiste am Ende von meist noch raueren 4WD-Stichstraßen. Bei Trockenheit mit einem normalen Auto zugänglich sind in der Regel nur die **Devils Garden** (⇨ Seite 57) mit ihren Sandsteingebilden und -bögen sowie der Ausgangspunkt für die Wanderung zum gestreiften **Zebra Slot** (⇨ Seite 63) und dem röhrenähnlichen **Tunnel Slot** (⇨ Seite 64).

Goblin Valley State Park

Einen Vierradantrieb benötigt man für die Fahrt zum **Neon Canyon** mit der grandiosen **Golden Cathedral** (⇨ Seite 70), Brimstone Arch und den Schluchten **Peek-a-Boo** (⇨ Seite 65), **Spooky** und **Brimstone Gulch**. Das gilt auch für den Ausgangspunkt für Wanderungen durch den oft als »schönster Canyon der Welt« titulierten **Coyote Gulch** (⇨ Seite 69) mit der **Coyote Natural Bridge** (⇨ Seite 67) sowie Jacob Hamblin und **Stevens Arch** (⇨ Seite 71) im benachbarten **Canyon** (⇨ Seite 70). Auf dem Weg dorthin passiert man die nur 1,7 km von der Stichstraße entfernt liegenden Felsbögen **Sunset Arch** (⇨ Seite 73) und Moonrise Arch. Wer sich noch weiter auf der Hole-in-the-Rock Road nach Süden wagt, kommt schließlich zum Trailhead des gewaltigen **Broken Bow Arch** (⇨ Seite 66) und nach weiteren anspruchsvollen 15 mi zum Ende der Straße oberhalb des Lake Powell.

Auch in Straßennähe hat der Highway 12 einiges zu bieten, so einen kurzer Abstecher zu den seltsamen **Moqui Marbles** (⇨ Seite 74). Empfehlenswert sind die kurzen Wanderungen zu den **Lower** (⇨ Seite 76) und **Upper Calf Creek Falls**. Vor allem im Oktober ist diese Gegend dank bunter Laubfärbung überaus reizvoll.

Eine alternative Route zum Highway 12 in den Capitol Reef Park ist der in Boulder abzweigende **Burr Trail**, der jedoch nur bis zum Nationalpark asphaltiert ist. U.a. erreicht man auf diesem Stück die gelblich leuchtende Schlucht des **Little Death Hollow** (⇨ Seite 77). Im Nationalpark wird der Burr Trail zur Piste, die jedoch bei Trockenheit mit normalen Pkw befahrbar ist. Die Stichstraße zum **Strike Valley Overlook** (⇨ Seite 79) eignet sich ausschließlich für Allradfahrzeuge oder Wanderer. Über die bei gutem Wetter ebenfalls nicht problematische Notom Bullfrog Road geht es nach Norden bis zum Highway 24. Eine Allradpiste führt in das traumhafte **Cathedral Valley** (⇨ Seite 81) im Hinterland des Capitol Reef.

Auf der Weiterfahrt nach Hanksville passiert man ungewöhnliche Badlands und erkennt bald das markante Felsmassiv des **Factory Butte**. Die unbefestigte, aber gut ausgebaute Coal Mine Road führt zum kleinen **Factory Butte Arch** (⇨ Seite 80).

Von **Hanksville** (⇨ Seite 81) ist es nicht weit zu den skurrilen, koboldähnlichen Erosionsgebilden im **Goblin Valley State Park** (⇨ Seite 84) sowie in die **San Rafael Swell**, eine riesige Wildnis, die sich zu beiden Seiten der Interstate 70 erstreckt und nur von einem Gewirr staubiger Pisten erschlossen wird. Sehenswert ist dort u.a. der **Little Wild Horse Canyon** (⇨ Seite 82).

Die Allradpisten durch den entlegenen Maze District des Canyonlands National Park östlich von Hanksville sind nur von erfahrenen Offroad-Spezialisten zu bewältigen. Ein Highlight, das man bei trockenem Wetter mit dem Pkw erreichen kann, verbirgt sich in der **Horseshoe Canyon Unit** des Nationalparks. Nach einer 30 mi langen Anfahrt und einer etwa 2-stündigen Wanderung erreicht man die sagenhafte, knapp 40 m lange **Great Gallery** (⇨ Seite 87) mit ihren bis zu 2 m großen geisterhaften Gestalten.

Lohnenswert ist auch ein Ausflug zur lustigen kleinen Koboldansammlung in der **Little Egypt Geologic Area** (⇨ Seite 85) südlich von Hanksville.

An der Interstate 70 liegt Crescent Junction. Von dort erreicht man über einen kurzen Abstecher nach Norden die Piktogramme im **Sego Canyon** (⇨ Seite 89).

In **Moab** (⇨ Seite 91) sollte man schon allein wegen der Nationalparks Arches und Canyonlands einen Mindestaufenthalt von drei Tagen einplanen.

Dem **Arches National Park** gehört immer ein voller Tag, besser mehr. Auf jeden Fall geht's am späten Nachmittag zum **Delicate Arch** (⇨ Seite 91), dem vielleicht schönsten Felsbogen der Welt. Außerhalb des Parks findet man rund um Moab zahlreiche weitere Felsbögen, so z.B. den **Tukuhnikivats Arch** (⇨ Seite 97), den Wilson Arch direkt am Highway 191 sowie den imposanten **Corona Arch** (⇨ Seite 94) mit einer Spannweite von 43 m. Diesen sowie den benachbarten **Bow Tie Pothole Arch** (⇨ Seite 95) erreicht man über einen Rundweg.

Auf dem Weg in den **Island in the Sky District** des **Canyonlands National Park** bieten sich noch Abstecher zum **Secret Spire** (⇨ Seite 96) nördlich des Highway 313 an sowie zu einer mächtigen Flussschleife des Colorado River im **Dead Horse Point State Park** an (⇨ Seite 90). Sehenswert ist im Nationalpark u.a. der zu Recht millionenfach abgelichtete **Mesa Arch** (⇨ Seite 92) nur 800 m von der Parkstraße entfernt.

Weiter südlich warten Felsbrücken im Natural Bridges National Monument und malerische Flussschleifen des San Juan River im Goosenecks State Park, auch das große kaum erschlossene Gebiet der **Cedar Mesa** (⇨ Seiten 104-107) und der **Grand Gulch**. Dort schützt ein Labyrinth aus tiefen, mitunter schwer zugänglichen Schluchten eine beeindruckend große Zahl an indianischen Felszeichnungen und Ruinen. Relativ leicht zu erreichen sind das

House on Fire (⇨ Seite 106) im Mule Canyon und die **Fallen Roof Ruin** (⇨ Seite 104) im Road Canyon.

Zwischen den Highways 261 und 163 liegt das **Valley of the Gods**, dessen rote Felsen jedoch nicht ganz mit den weltberühmten Monolithen des **Monument Valley Tribal Park** (⇨ Seiten 98-101) mithalten können.

Biegt man bei Monticello, statt in Richtung Monument Valley weiterzufahren, auf den Highway 491 ab, erreicht man östlich von Cortéz den **Mesa Verde National Park** mit den größten und eindrucksvollsten Klippendörfern Nordamerikas. Südöstlich davon treffen im **Four Corners Monument** (⇨ Text Seite 102) die Bundesstaaten AZ, NM, CO und UT exakt im rechten Winkel aufeinander. Nicht weit entfernt ragt der **Shiprock** (⇨ Seite 102) 500 m hoch aus der Ebene empor.

 Südwestlich der Four Corners überrascht mitten in der Ebene des Navajo Reservats der tiefe Einschnitt das **Canyon de Chelly National Monument** mit diversen **Cliff Dwellings** (⇨ Seite 108) und der freistehenden Felsnadel **Spider Rock** (⇨ Seite 109).

Farmington und Bloomfield sind gute Ausgangspunkte für Ausflüge zum **Aztec Ruins National Monument** und zu den **Aztec Arches**. Besonders schön ist der **Rooftop Arch** (⇨ Seite 103) östlich von Aztec. Gut erhaltene Felszeichnungen und Ruinen verbergen sich in den Seitenarmen des **Largo Canyon** (⇨ Seite 88), der aber nur mit 4WD anzufahren ist.

Wiederum nur staubige, aber bei Trockenheit Pkw-geeignete Pisten erschließen das Gebiet südöstlich von Farmington. Hier befinden sich zwei Hoodoo Wonderlands, die **Bisti/De-Na-Zin Wilderness Area** (⇨ Seiten 110-113) und die **Ah-shi-sle-pah Wilderness Study Area** (⇨ Seite 114). Weiter südlich liegt der für seine Kivas und freistehenden Pueblos berühmte Chaco Culture National Historical Park.

Über die Interstate 40 gelangt man zum **Petrified Forest National Park** mit fantastischen Versteinerungen urzeitlicher Baumstämme (⇨ Seiten 116-119). Weitaus farbenprächtiger als die Painted Desert im Norden des Nationalparks ist der **Little Painted Desert County Park** (⇨ Seite 120) nördlich von Winslow.

Auf der Weiterfahrt zum **Grand Canyon** könnte noch ein Abstecher zu den – nur über Schotterstraßen erreichbaren – **Grand Falls of the Little Colorado River** (⇨ Seite 125) eingelegt werden. Der Besuch dieser auch Chocolate Falls genannten Wasserfälle lohnt sich aber nur nach heftigen Niederschlägen und während der Schneeschmelze im Frühling. Die übrige Zeit des Jahres sind sie meist staubtrocken.

Die **South Rim** (Südkante) des **Grand Canyon National Park** (⇨ Seite 122) liegt bei Fahrt über den Highway 180 ca. 80 mi von Flagstaff entfernt. Bei Interesse für indianische Ruinen könnte man einen Umweg (Highways 89 und 64) über das **Wupatki National Monument** (⇨ Seite 124) fahren.

Ausgangspunkt Los Angeles

Da es nur wenige Direktflüge von Europa nach Las Vegas gibt, ist für die meisten Besucher des Südwestens der USA **Los Angeles** eine – unter diesem Aspekt – bessere und meistens auch kostengünstigere Startbasis. Ein Weiterflug von LA nach Las Vegas lohnt sich kaum, da nur knapp 270 mi Autobahn die beiden Städte trennen. Wer in Los Angeles die Reise ins »Wonderland of Rocks« beginnt, sollte für die Fahrt bis Las Vegas mindestens einen zusätzlichen Reisetag einplanen und entweder einen Umweg über den **Joshua Tree National Park** (⇨ Seite 126) machen (ca. 150 mi mehr) oder den **Death Valley National Park** (⇨ Seiten 128-131) »mitnehmen«. Ein weniger bekanntes, aber überaus reizvolles Ziel sind die **Alabama Hills** (⇨ Seiten 132-135) bei Lone Pine am Highway 395 östlich der Sierra Nevada mit dem höchsten Gipfel der USA (außer Alaska) Mount Whitney in Sichtweite. Obwohl von dort das Death Valley nicht mehr weit ist, sind für einen intensiven Besuch beider Ziele samt der Fahrt von mindestens 470 mi von LA bis Las Vegas eher drei als zwei Tage nötig.

Death Valley, Mesquite Sand Dunes

Abkürzungsverzeichnis und englische Fachausdrücke:

4WD	4 wheel drive, Allradantrieb
alcove	höhlenartiger Felsüberhang, Alkove
arch	Felsbogen
AZ	Arizona
badlands	aride Hügellandschaft
beam	Lichtstrahl
BLM	Bureau of Land Management
butte	Spitzkuppe
CA	Kalifornien
canyoneering	das Durchwandern von Schluchten meist mit technischer Ausrüstung (Seil, Sitzgurt etc.)
caprock	Felsnadel, Erdpyramide
cliff	Klippen
cliff dwelling	indianische Klippenbehausung
CO	Colorado
creek	Bach, kleiner Flusslauf
dirt road	unbefestigte Straße, Piste
flash flood	Sturzflut
foot, feet	1 Fuß entspricht 0,3048 m
Four Corners	Grenzgebiet zwischen den Staaten AZ, CO, NM und UT
gorge	Schlucht
GPS	global positioning system
granary	indianischer Kornspeicher
gravel road	Schotterpiste
gulch	Schlucht
hike	Wanderung
hollow	Schlucht
hoodoo	Felsnadel, Erdpyramide (➪ Seite 44)
kiva	meist kreisrunde, unterirdisch angelegter Zeremonienraum
lodge	Quartier, Unterkunft
mesa	Tafelberg
mi	1 Meile entspricht 1609 m
narrows	enge Schlucht
natural bridge	Steinbrücke
NM	New Mexico
offroad	abseits der asphaltierten Straßen und größeren Pisten
permit	Zutrittserlaubnis
petroglyph	Felsritzung (➪ Seite 86)
pictograph	Felsmalerei (➪ Seite 86)
pillar	Steinsäule
pinnacle	Felsnadel, Erdpyramide
pueblo	indianischer Gebäudekomplex
rim	Canyonabbruchkante
rock art	Felszeichnungen
slickrock	glatter, harter Sandstein
slot canyon	enge Schlucht (➪ Seite 30)
State Park	State Park
SUV	sport utility vehicle / geländetaugliches Fahrzeug
track	Spur
trailhead	Ausgangspunkt einer Wanderung
UT	Utah
visitor center	Besucherzentrum
wash	ein meist trockenes Bachbett

Die Autoren

Seit über 10 Jahren bereist das Autorenehepaar Isabel und Steffen Synnatschke den amerikanischen Südwesten. Ihre Begeisterung für die Natur und Landschaftsfotografie ließ sie immer tiefer in die entlegensten Winkel des Colorado Plateau vordringen und das einzigartige *Wonderland of Rocks* fotografisch festhalten.

Danksagung

Unser erstes großes Dankeschön gilt unserem Verleger Dr. Hans Grundmann, der uns zur Zusammenstellung dieses Bandes ermunterte, sowie an unsere Korrekturleser Heiko Boeck, Peter Felix Schäfer und Thomas Goldmann. Darüber hinaus möchten wir uns auch ganz herzlich bei unseren lieben Eltern bedanken, die uns das Reisen in die Wiege gelegt haben, und dem Schicksal, das eine Kärntnerin und einen Sachsen zusammenführte und ihre gemeinsamen Hobbys nun umso intensiver ausleben lässt.

Webseiten der Autoren:

www.synnatschke.com
www.synnatschke.de
www.isaczermak.com

»*Das Leben wird nicht gemessen an der Zahl unserer Atemzüge, sondern an den Orten und Momenten, die uns den Atem rauben.*«

(anonym)

PANORAMA

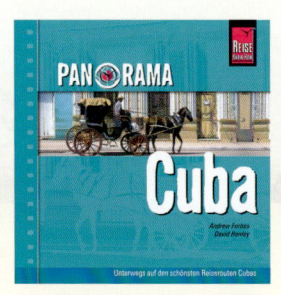

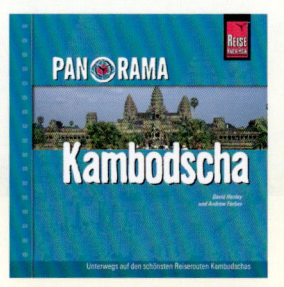

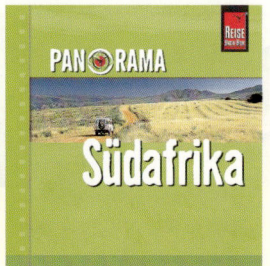

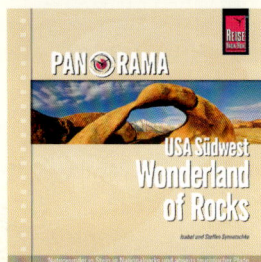

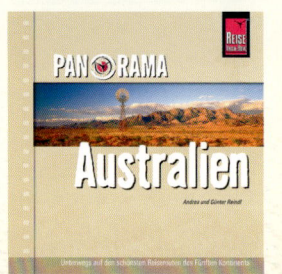

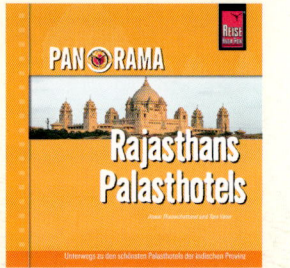

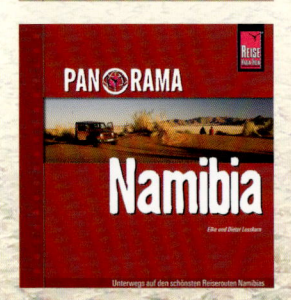

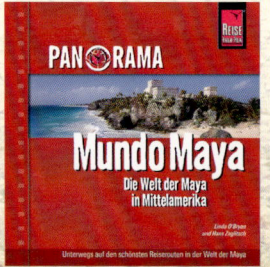

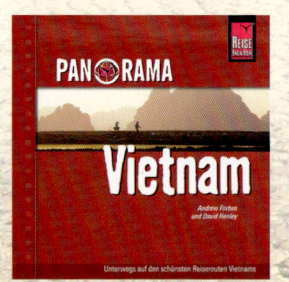

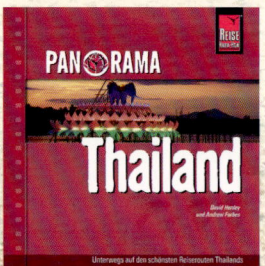

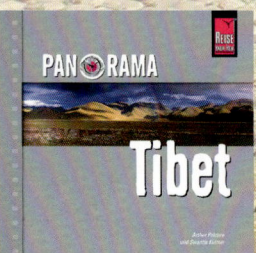

- Zur Quelle des Ganges
- Cuba
- Kambodscha
- Südafrika
- USA Südwest – Wonderland of Rocks
- Australien
- Thailands Bergvölker und Seenomaden
- Rajasthans Palasthotels
- Namibia
- Mundo Maya – Die Welt der Maya in Mittelamerika
- Vietnam
- Thailand
- Tibet

Mit PANORAMA neuen Horizonten entgegen

Außergewöhnliche Bilder, lebendige Anekdoten und hautnahe Einblicke wecken Erinnerungen oder Vorfreude auf ein Reiseland. PANORAMA präsentiert sich im handlichen, quadratischen Format (18x18 cm, Hardcover mit Fadenheftung) und luftigen Layout, mit atemberaubenden Landschaften, Land & Leute …

Bislang sind erschienen:

Aroon Thaewchatturat & Tom Vater
PANORAMA Zur Quelle des Ganges
ISBN 978-3-8317-1702-6 · € 14,90 [D]

Andrew Forbes & David Henley
PANORAMA Cuba
ISBN 978-3-8317-1519-0 · € 14,90 [D]

Andrew Forbes & David Henley
PANORAMA Kambodscha
ISBN 978-3-8317-1610-4 · € 14,90 [D]

Elke & Dieter Losskarn
PANORAMA Südafrika
ISBN 978-3-89662-347-8 · € 14,90 [D]

Isabel und Steffen Synnatschke
PANORAMA USA Südwesten Wonderland of Rocks
ISBN 978-3-89662-242-6 · € 17,50 [D]

Günter & Andrea Reindl
PANORAMA Australien
ISBN 978-3-89662-390-4 · € 14,90 [D]

Aroon Thaewchatturat & Tom Vater
PANORAMA Thailands Bergvölker und Seenomaden
ISBN 978-3-8317-1524-4 · € 14,90 [D]

Aroon Thaewchatturat & Tom Vater
PANORAMA Rajasthans Palasthotels
ISBN 978-3-8317-1601-2 · € 14,90 [D]

Hans Zaglitsch & Linda O'Bryan
PANORAMA Mundo Maya
ISBN 978-3-8317-1611-1 · € 14,90 [D]

Elke & Dieter Losskarn
PANORAMA Namibia
ISBN 978-3-89662-327-0 · € 14,90 [D]

Andrew Forbes & David Henley
PANORAMA Vietnam
ISBN 978-3-8317-1520-6 · € 14,90 [D]

Andrew Forbes & David Henley
PANORAMA Thailand
ISBN 978-3-8317-1609-8 · € 14,90 [D]

Andrew Forbes & David Henley
PANORAMA Tibet
ISBN 978-3-8317-1542-8 · € 14,90 [D]

Weitere Titel in Vorbereitung

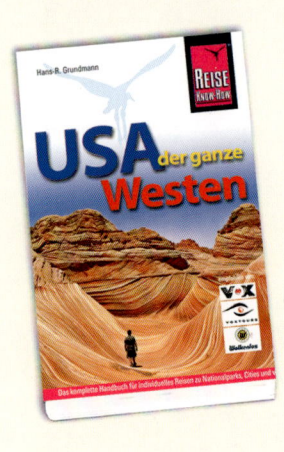

USA der ganze Westen

Mit diesem Reisehandbuch den ganzen Westen der USA entdecken:

- Ein dichtes Routennetz führt zu allen populären Sehenswürdigkeiten und ungezählten kaum bekannten Kleinoden in den elf Weststaaten.
- Unterkünfte für jeden Geldbeutel und erprobte Campingempfehlungen entlang der beschriebenen Routen und für alle größeren Städte.
- Zahlreiche Tipps für Aktivitäten unterwegs: Wandern, Schwimmen, Wildwasser-/Kanutrips, Surfen, Reiten, Biking, Goldwaschen und Off-Road-Spaß.
- Alles Wissenswerte zu Nationalparks, Geographie und Klima, zu Kultur, Geschichte und Gegenwart.
- Essays und Themenkästen zu vielfältigen Aspekten rund um das Reiseabenteuer US-Westen.
- Der Aufbau des reisepraktischen Teils folgt dem zeitlichen Ablauf vom Erwägen der Reise über die konkrete Organisation bis zum »Durchkommen« in den USA: Ausführliche Kapitel behandeln alle wichtigen Punkte.
- Die »Latest News« bei www.reisebuch.de und ein kostenfreier elektronischer Newsletter informieren über den letzten Stand der Dinge in Nordamerika.

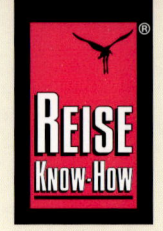

Hans-R. Grundmann
USA, der ganze Westen
16. Auflage 2008
760 Seiten · € 25,00
ISBN 3-89662-232-7

- strapazierfähige Fadenheftungg
- 78 Stadt-, Regional- und Nationalparkkarten
- über 300 Farbabbildungen
- Griffmarken, Seiten- und Kartenverweise, Register
- 400 konkrete Motel-, Hotel-, Hostel- und B&B-Hinweise
- Jede Menge gebührenfreie Telefonnummern
- über 1.200 geprüfte Internetadressen
- 150 Wanderempfehlungen

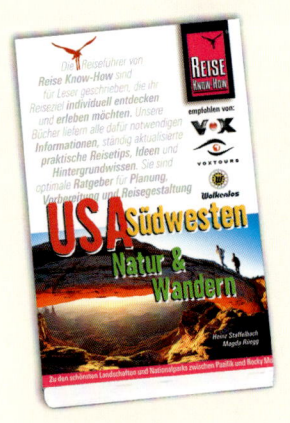

USA Südwesten Natur & Wandern

Ein spezieller Reiseführer für alle, die Natur und Outdoors im Südwesten der USA intensiv erleben und genießen möchten:

- 12 Kerngebiete mit 45 Parks und Wildnisarealen an der Pazifikküste, in der Sierra Nevada, in den Wüsten Kaliforniens und Arizonas, in den Utah-Canyons und in den Hochgebirgen der Rocky Mountains.
- Geologie, Tier- und Pflanzenwelt, Biodiversität und low-impact-Aktivitäten stehen im Mittelpunkt.
- Über 30 Essays, tabellarische Übersichten und separate Abhandlungen zum Themenbereich »Natur und Umwelt«.
- Großes Kapitel zum Wandern in den USA, von der Orientierung über Ausrüstung und Pack Trips bis zum Survival in Notsituationen.
- Empfehlungen nur für von den Autoren selbst getestete Wanderungen. Viele Kapitel wurden von Rangern gegengelesen.
- Konkrete Planungsinformationen zu Klima, Anreise, Camping/Quartieren, Versorgung unterwegs u.v.a.m. für alle behandelten Gebiete
- Umfangreicher praktischer Teil zum Reisen nach und in den USA unter Berücksichtigung umweltverträglicher Aspekte und ausführliche Literatur- und Kartenhinweise sowie zahlreiche Internetadressen.

Neue Auflage
ab Januar 2009

Heinz Staffelbach
und Magda Rüegg
**USA Südwesten
Natur & Wandern**
3. Auflage 2005
576 Seiten · € 23,50
ISBN 3-89662-202-1

- strapazierfähige Fadenheftung
- über 250 Farbbilder
- 12 Gebietskarten mit Vegetationszonen und 18 Wanderkarten
- Die besten 60 Halb- bzw. Mehrtageswanderungen mit Kilometerlogs und viele weitere Hiking-Trails
- Profile für alle Wege mit über 400 m Höhendifferenz
- Über 800 Indexeinträge und zahlreiche Internetadressen